¡El N.° 1 recomendado por los profesores!

PARA HISPANOHABLANTES

GRADOS EN TRANSICIÓN
6º a 7º

Carson Dellosa Education
Greensboro, North Carolina

Advertencia: Las actividades de los ejercicios pueden requerir la supervisión de un adulto. Antes de comenzar cualquier actividad física es recomendable consultar con un médico. Se sugiere pedir la autorización por escrito de los padres para quienes utilicen este libro en grupos. Los niños siempre deben calentar antes de comenzar cualquier actividad física y deben detenerse de inmediato si sienten alguna molestia durante el ejercicio.

Advertencia: Antes de comenzar cualquier actividad alimentaria, pida permiso a los padres e infórmese sobre las alergias alimentarias y las restricciones religiosas o de otro tipo que pueda tener el niño.

Advertencia: Las actividades al aire libre pueden requerir la supervisión de un adulto. Antes de comenzar cualquier actividad al aire libre, pida permiso a los padres e infórmese sobre las alergias del niño a las plantas o a animales. Recuérdele al niño que durante la actividad no debe tocar las plantas o los animales sin la supervisión de un adulto.

Advertencia: Antes de realizar cualquier actividad con globos, pida permiso a los padres e infórmese sobre posibles alergias al látex. Además, recuerde que los globos no inflados o reventados pueden presentar un riesgo de asfixia.

Los autores y el editor no se hacen responsables de ninguna lesión que pueda resultar de la realización de los ejercicios o actividades de este libro.

Caution: Exercise activities may require adult supervision. Before beginning any exercise activity, consult a physician. Written parental permission is suggested for those using this book in group situations. Children should always warm up prior to beginning any exercise activity and should stop immediately if they feel any discomfort during exercise.

Caution: Before beginning any food activity, ask parents' permission and inquire about the child's food allergies and religious or other food restrictions.

Caution: Nature activities may require adult supervision. Before beginning any nature activity, ask parents' permission and inquire about the child's plant and animal allergies. Remind the child not to touch plants or animals during the activity without adult supervision.

Caution: Before completing any balloon activity, ask parents' permission and inquire about possible latex allergies. Also, remember that uninflated or popped balloons may present a choking hazard.

The authors and publisher are not responsible or liable for any injury that may result from performing the exercises or activities in this book.

Summer Bridge®
An imprint of Carson Dellosa Education
PO Box 35665
Greensboro, NC 27425 USA

© 2022 Carson Dellosa Education. Salvo lo permitido por la Ley de Derechos de Autor de los Estados Unidos, ninguna parte de esta publicación puede ser reproducida, almacenada o distribuida de ninguna forma ni por ningún medio (mecánico, electrónico, de grabación, etc.), sin el consentimiento previo por escrito de Carson Dellosa Education.

© 2022 Carson Dellosa Education. Except as permitted under the United States Copyright Act, no part of this publication may be reproduced, stored, or distributed in any form or by any means (mechanically, electronically, recording, etc.) without the prior written consent of Carson Dellosa Education.

Printed in the USA • All rights reserved.

ISBN 978-1-4838-6533-1

01-046221151

Índice

Cómo aprovechar al máximo las *Summer Bridge Activities®* para Hispanohablantes iv
Matriz de habilidades vi
Lectura de verano para todos viii
¡El aprendizaje de verano está en todas partes! x

Sección I: Objetivos mensuales y lista de palabras 1
Introducción a la flexibilidad 2
Páginas de actividades 3
Experimentos científicos 43
Actividades de estudios sociales 45
Actividades de extensión al aire libre 48

Sección II: Objetivos mensuales y lista de palabras 49
Introducción a la fuerza 50
Páginas de actividades 51
Experimentos científicos 91
Actividades de estudios sociales 93
Actividades de extensión al aire libre 96

Sección III: Objetivos mensuales y lista de palabras 97
Introducción a la resistencia 98
Páginas de actividades 99
Experimentos científicos 139
Actividades de estudios sociales 141
Actividades de extensión al aire libre 144

Clave de respuestas 145
Tarjetas de memoria
Certificado de finalización

Cómo aprovechar al máximo las *Summer Bridge Activities®* para Hispanohablantes

Este libro ayudará a tu hijo a repasar los conocimientos aprendidos en quinto grado y a anticiparse a las habilidades requeridas para el sexto grado. En su interior encontrarás muchos recursos que animarán a tu hijo a practicar, aprender y crecer mientras se adelanta al nuevo año escolar.

Solo 15 minutos al día
... es todo lo que se necesita para mantenerse en forma con las actividades de aprendizaje de cada día de la semana ¡durante todo el verano!

Organización mes por mes

Tres secciones codificadas por colores corresponden a los tres meses de vacaciones de verano. Cada mes comienza con una actividad de establecimiento de objetivos y una actividad de refuerzo de vocabulario. También encontrarás una introducción a la sección de acondicionamiento físico y de desarrollo del carácter.

Actividades diarias

Proporcionamos dos páginas de actividades para cada día de la semana. Completarlas toma unos 15 minutos. Las actividades le ayudarán a tu hijo a practicar estas habilidades y otras más:

- Uso de la gramática.
- Escritura.
- Comprensión lectora.
- Vocabulario.
- Expresiones algebraicas.
- Medición de área y volumen.
- Geometría.
- Probabilidad y estadística.

Muchas características adicionales
... ¡se adaptan a las necesidades e intereses de tus hijos!

Actividades adicionales

Las actividades de estudios sociales exploran lugares, mapas y mucho más, y son el complemento perfecto para los viajes de verano. Los experimentos científicos invitan a tu hijo a interactuar con el mundo y a desarrollar el pensamiento crítico.

¡Vamos afuera!

Una colección de divertidas ideas para observar, explorar y aprender al aire libre e ideas de juegos para cada mes del verano.

Características especiales

 **ACONDICIONAMIENTO FÍSICO:** Ejercicios rápidos para desarrollar la fuerza, la flexibilidad y la aptitud física.

PRUEBA DE CARÁCTER: Ideas para desarrollar la amabilidad, la honestidad, la tolerancia y más.

DATO: Datos curiosos.

Tarjetas de desarrollo de habilidades

Recorta las tarjetas que están en la parte posterior del libro. Guárdalas en una bolsa con cremallera o haz un agujero en cada una de ellas y ensártalas en una anilla. Lleva las tarjetas contigo para practicar sobre la marcha.

Certificado de finalización

Al terminar el verano, completa y presenta el certificado que aparece al final del libro. Felicita a tu hijo por haberse preparado para el siguiente año escolar.

Matriz de habilidades

Legend: ★ = green star (days 1–20), ☆ = orange star (extra days 1–11)

Día	Suma y resta	Álgebra y proporciones	Mayúsculas y puntuación	Desarrollo del carácter	Análisis de datos y probabilidades	Decimales y porcentajes	Acondicionamiento físico	Fracciones	Geometría y medidas	Lengua y literatura	Multiplicación y división	Partes de la oración	Resolución de problemas	Acertijos	Comprensión lectora	Ciencia	Estructura y tipos de oraciones	Estudios sociales	Usos	Escritura
1	★									★	★					★				
2										★	★						★	★		
3			★					★							★					
4										★	★									★
5		★	★			★				★										
6										★					★		★			
7								★		★				★			★			
8									★	★					★					
9											★				★		★			
10		★		★						★										
11		★																★		
12					★					★		★								★
13		★													★		★			
14										★			★						★	★
15		★				★				★		★								
16		★								★		★			★					
17		★								★	★							★		
18		★								★	★				★					
19		★								★					★					
20					★					★									★	★
¡PÁGINAS EXTRA!					★									★		★		★		★
1			☆		☆			☆	☆	☆										
2					☆									☆	☆					
3					☆	☆				☆							☆			
4					☆	☆	☆			☆		☆								
5								☆		☆		☆			☆					
6					☆					☆		☆								☆
7					☆			☆	☆											
8			☆											☆	☆					
9				☆	☆	☆				☆										
10			☆		☆					☆					☆					
11	☆														☆				☆	

© Carson Dellosa Education

Matriz de habilidades

Día	Suma y resta	Álgebra y proporciones	Mayúsculas y puntuación	Desarrollo del carácter	Análisis de datos y probabilidades	Decimales y porcentajes	Acondicionamiento físico	Fracciones	Geometría y medidas	Lengua y literatura	Multiplicación y división	Partes de la oración	Resolución de problemas	Acertijos	Comprensión lectora	Ciencia	Estructura y tipos de oraciones	Estudios sociales	Usos	Escritura
12					★					★		★					★			★
13		★					★	★		★							★			
14					★					★					★					
15		★													★	★				
16									★	★					★			★		
17					★					★					★					
18		★								★		★					★			
19										★			★						★	★
20		★													★		★			
¡PÁGINAS EXTRA!								★				★			★		★			★
1								★		★							★		★	★
2			★	★											★					★
3		★	★												★					
4		★	★				★			★		★								
5		★						★		★						★				
6		★	★							★		★								
7		★	★							★										
8		★	★											★	★					★
9		★								★					★					
10			★						★	★						★				
11									★	★						★				
12									★	★					★					
13			★	★																
14			★							★				★						★
15		★	★												★					
16		★								★						★	★			
17			★					★		★	★									
18										★					★		★			
19			★							★				★						★
20												★						★		
¡PÁGINAS EXTRA!															★			★		★

Lectura de verano para todos

La lectura es la habilidad más importante para el éxito escolar. Los expertos recomiendan que los estudiantes de sexto y séptimo grado lean al menos 30 minutos cada día. Ayuda a tu hijo a elegir varios libros de esta lista según sus intereses (los libros sugeridos están en inglés, pero muchas bibliotecas podrían tener las versiones en español o libros similares). Dile que elija al menos un título de ficción (F) y otro de no ficción (NF). ¡A continuación, vayan a la biblioteca local para comenzar la aventura de la lectura!

Si te gustan las novelas gráficas...
Fish Girl
 de David Wiesner y Donna Jo Napoli (F)
All Summer Long
 de Hope Larson (F)

Si te gustan los libros divertidos...
The Strange Case of Origami Yoda
 de Tom Angleberger (F)
Two Truths and a Lie
 de Ammi-Joan Paquette y Laurie Ann Thompson (NF)

Si te gusta el género fantástico...
The Hobbit
 de J. R. R. Tolkien (F)
The Blue Sword
 de Robin McKinley (F)

Si te gustan las novelas históricas...
Fever 1793
 de Laurie Halse Anderson (F)
Code Name Pauline: Memoirs of a World War II Special Agent
 de Pearl Witherington Cornioley (NF)

Si te gusta el género de misterio...
Chasing Vermeer
 de Blue Balliet (F)
Spirit Hunters
 de Ellen Oh (F)

Si te gusta el tema espacial...
The War of the Worlds
 de H.G. Wells (F)
The Stars
 de H.A. Rey (NF)

Si te gusta la ciencia...
The Way Things Work
 de David Macaulay (NF)
Generating Wind Power
 de Niki Walker (NF)

Si te gustan las biografías...
Isaac the Alchemist
 de Mary Losure (NF)
I Will Always Write Back: How One Letter Changed Two Lives
 de Martin Ganda, Caitlin Alifirenka y Liz Welch (NF)

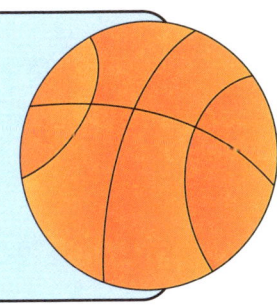

Si te gustan los deportes...
Rebound
 de Kwame Alexander (F)
Rising Above
 de Gregory, Elijah y Gabriel Zuckerman (NF)

Si te gusta la naturaleza...
Hatchet
 de Gary Paulsen (F)
No Summit Out of Sight: The True Story of the Youngest Person to Climb the Seven Summits
 de Jordan Romero y Linda LeBlanc (NF)

© Carson Dellosa Education

¡El aprendizaje de verano está en todas partes!

Encuentra oportunidades de aprendizaje a donde quiera que vayas, ¡durante todo el verano!

Lectura

- Haz un club de lectura con tus amigos. Pónganse de acuerdo para leer el mismo libro y luego hablen de él mientras comen un bocado y toman alguna bebida fría.
- Busca dos o tres reseñas sobre la misma película, libro o serie de televisión. Lee las reseñas completas y compara las ideas de los autores.

Lengua y literatura

- Resume para un amigo algún libro, artículo o película y descríbele la trama principal y los personajes.
- Practica la escritura en un diario. Experimenta con diferentes estilos de escritura para encontrar el que más te guste.

Matemáticas

- Investiga sobre los sudokus y crea uno propio. Dáselo a un amigo o familiar y comprueba cuánto tiempo tarda en resolverlo.
- Mide el perímetro de un edificio en el que pases mucho tiempo. Calcula el área a partir de esas medidas.

Ciencia y estudios sociales

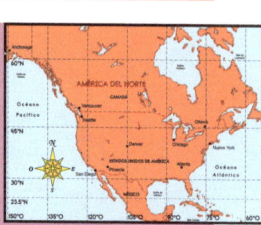

- Pregunta a 10 amigos y familiares en dónde nacieron. Marca todos estos lugares en un mapa, incluido el lugar donde tú naciste. Determina quién nació más lejos de donde vive ahora.
- Elige un fenómeno natural que hayas observado durante el verano. Inventa una explicación para el fenómeno e investiga para saber si estabas en lo cierto.

Carácter y acondicionamiento físico

- Presta atención a los rasgos de carácter positivos de las personas que te rodean y haz una lista de los tres más importantes para ti.
- Aprende a desarrollar una nueva habilidad física. Puede ser aprender un nuevo juego, probar una nueva forma de ejercicio o construir algo. Sigue intentándolo hasta que te sientas seguro.

SECCIÓN 1

Objetivos mensuales

Un objetivo es algo que quieres conseguir y por lo que debes trabajar. A veces, alcanzar un objetivo puede ser difícil.

Piensa en tres objetivos que quieras cumplir este mes. Por ejemplo, tal vez quieras hacer ejercicio cada día durante 30 minutos. Escribe tus objetivos en las líneas que aparecen a continuación. Colócalos en algún lugar donde los puedas ver todos los días.

Dibuja una palomita junto a cada objetivo que cumplas. Siéntete orgulloso de haber cumplido tus objetivos y sigue estableciendo nuevas metas para desafiarte a ti mismo.

1. _____
2. _____
3. _____

Lista de palabras

En esta sección se utilizan las siguientes palabras. Utiliza un diccionario para buscar todas las palabras que no conozcas. A continuación, escribe tres oraciones en inglés. Utiliza al menos una palabra de la lista de palabras en cada oración.

conservation (conservación)
cuneiform (cuneiforme)
erosion (erosión)
gridiron (parrilla)
organism (organismo)

polyps (pólipos)
radiocarbon dating (datación por carbono)
schedule (horario)
sediment (sedimento)
tempo (tempo)

1. _____
_____
2. _____
_____
3. _____
_____

SECCIÓN 1

Introducción a la flexibilidad

Esta sección incluye actividades de acondicionamiento físico y de desarrollo de un carácter flexible. Estas actividades están diseñadas para mantenerte en movimiento y para hacerte pensar sobre tu condición física y el desarrollo de tu carácter. Si tienes una movilidad limitada, no dudes en modificar los ejercicios sugeridos para adoptarlos a tus capacidades individuales.

Flexibilidad física

Para una persona común, la *flexibilidad* significa ser capaz de realizar tareas físicas cotidianas con facilidad, como agacharse para atarse un zapato. Estas tareas cotidianas pueden resultar difíciles para las personas cuyos músculos y articulaciones no se han utilizado y estirado con regularidad.

El estiramiento adecuado permite que los músculos y las articulaciones se muevan en toda su amplitud, lo que es importante para una buena flexibilidad. Todos los días te estiras de muchas maneras sin darte cuenta. Cuando agarras un lápiz que se te cayó o una caja de cereales del estante superior, estás estirando tus músculos. La flexibilidad es importante para tu salud y tu crecimiento, así que desafíate a mejorar tu flexibilidad de forma consciente. Los estiramientos y las actividades sencillas, como el yoga y el tai chi, pueden mejorar tu flexibilidad. Fíjate un objetivo de estiramiento para el verano, como practicar a diario hasta que puedas tocarte los dedos de los pies.

Flexibilidad de carácter

Aunque es importante tener un cuerpo flexible, también lo es ser flexible mentalmente. Ser flexible mentalmente significa tener la mente abierta al cambio. Puede ser decepcionante que las cosas no salgan como uno quiere, es una reacción normal. Piensa en un momento en el que alguna circunstancia inesperada te haya arruinado los planes. Tal vez tu madre tuvo que trabajar un fin de semana y no pudiste ir a un partido de béisbol con tus amigos porque tenías que cuidar a tu hermano menor. ¿Cómo afrontaste la situación?

Gran parte de ser flexible mentalmente es darse cuenta de que habrá situaciones en la vida en las que ocurrirán cosas imprevistas. A menudo, la forma de reaccionar ante las circunstancias es lo que afecta el resultado. Ármate de herramientas para ser flexible, como tener expectativas realistas, pensar en soluciones para mejorar una situación decepcionante y buscar las cosas buenas que puedan haber surgido luego de la decepción inicial.

La flexibilidad mental puede adoptar muchas formas. Por ejemplo: ser justo, respetar las diferencias de otras personas y ser compasivo son formas de practicar la flexibilidad mental. En situaciones difíciles, recuérdate a ti mismo que debes ser flexible y cosecharás los beneficios de este importante rasgo del carácter.

Suma, resta, multiplicación y división/Lengua y literatura

DÍA 1

Resuelve cada problema.

1. 3,281
   +1,952

2. 23.25
   + 9.75

3. 62,523
   −13,145

4. 66.7
   − 1.954

5. 483
   ×367

6. 3.135
   × 789

7. 0.92
   × 1.5

8. 4.18
   × 37

9. 6)9,468

10. 7)2,307

11. 8)10.4

12. 4)2.6

Busca las siguientes palabras en un diccionario en línea o impreso. Encierra en un círculo la sílaba acentuada. A continuación, escribe en la línea la definición de la palabra, en inglés.

13. ignoble _____
14. specious _____
15. ersatz _____
16. debacle _____
17. collateral _____
18. demean _____

DÍA 1

Lengua y literatura/Ciencia

Utiliza los *prefijos* (prefixes) y *sufijos* (suffixes) y sus significados para escribir la definición de cada una de las siguientes palabras.

Prefijos (prefixes)
re—back or again
dis—away, apart, or the opposite of
un—opposite, not, or lack of
pre—before

Sufijos (suffixes)
ment—the act, result, or product of
less—without or not

19. punishment _____
20. disappear _____
21. presoak _____
22. rewind _____
23. colorless _____
24. unsure _____

El método científico es el proceso que utilizan los científicos cuando hacen experimentos. Escribe el número de cada paso del método científico junto a su descripción.

Paso 1: Formular una pregunta
Paso 2: Investigar el tema
Paso 3: Elaborar una hipótesis
Paso 4: Probar y observar
Paso 5: Analizar y obtener conclusiones
Paso 6: Reportar los resultados

_____ El científico estudia los resultados y los compara con la hipótesis original.
_____ El científico hace el experimento, observa los resultados y toma notas.
_____ El científico se pregunta *quién, qué, cuándo, dónde* y *por qué* acerca del tema.
_____ El científico hace una predicción informada sobre los resultados del experimento.
_____ El científico aprende todo lo posible sobre el tema.
_____ El científico comparte su hipótesis, método y resultados con otros científicos.

DATO: El hielo de la Antártida en algunas partes tiene un grosor de mas de 2.6 millas (4.2 km).

© Carson Dellosa Education

Multiplicación/Estructura de la oración

DÍA 2

Utiliza los exponentes para reescribir cada expresión. Luego, resuélvelas.

EJEMPLO: $4 \times 4 \times 4 = 4^3 = 64$

1. $3 \times 3 \times 3 \times 3 \times 3 = $ _____ = _____
2. $7 \times 7 = $ _____ = _____
3. $4 \times 4 \times 4 \times 4 = $ _____ = _____
4. $2 \times 2 \times 2 \times 2 \times 2 \times 2 = $ _____ = _____
5. $9 \times 9 \times 9 = $ _____ = _____
6. $10 \times 10 \times 10 \times 10 \times 10 \times 10 \times 10 \times 10 = $ _____ = _____
7. $5 \times 5 \times 5 \times 5 = $ _____ = _____
8. $8 \times 8 \times 8 \times 8 = $ _____ = _____
9. $6 \times 6 \times 6 = $ _____ = _____

10^5

2^6

8^3

Escribe *C* en la línea si el grupo de palabras es una *oración completa* (complete sentence). Escribe *F* si el grupo de palabras es el *fragmento de una oración* (sentence fragment). Escribe *R* si el grupo de palabras es una *oración mal formada* (run-on sentence).

10. _____ The jockey mounted his horse.
11. _____ Whether there is enough food or not.
12. _____ We go swimming in the lake every summer it is always a lot of fun.
13. _____ We enjoyed the music.
14. _____ Loaned her favorite shirt to Alice.

Vuelve a escribir cada fragmento de oración como una oración completa.

15. From high atop the stadium.

    _____

    _____

16. Hidden under the basket.

    _____

    _____

DÍA 2

Lengua y literatura/Estudios sociales

Encierra en un círculo la letra que corresponda al significado correcto de cada palabra raíz.

17. **bio**   A. sea   B. far   C. life

18. **pend**   A. one   B. before   C. hang

19. **path**   A. feeling   B. fear   C. all

20. **chron**   A. time   B. fear   C. study of

21. **port**   A. carry   B. out   C. in

A la izquierda hay una lista de cosas que necesitan las personas en una sociedad. A la derecha hay una lista de servicios que un gobierno puede proporcionar para satisfacer esas necesidades. Relaciona cada servicio gubernamental con una necesidad escribiendo la letra en la línea

22. _____ educación
23. _____ comunicaciones
24. _____ seguridad pública
25. _____ protección
26. _____ transporte
27. _____ salud
28. _____ ayuda a los necesitados
29. _____ agua y aire limpios
30. _____ dinero para intercambiar por bienes

A. Imprimir dinero.
B. Construcción de carreteras.
C. Financiar y dotar de personal a las escuelas.
D. Proporcionar un ejército.
E. Establecer y hacer cumplir los límites de velocidad.
F. Repartir el correo.
G. Elaborar leyes para reducir la contaminación.
H. Construir viviendas para personas con bajos ingresos.
I. Inspección de alimentos y medicinas.

ACONDICIONAMIENTO FÍSICO:
Toca 10 veces los dedos de tus pies.

* Ve la página ii.

DÍA 3

Fracciones/Mayúsculas y puntuación

Escribe dos fracciones equivalentes para cada fracción.

1. $\frac{2}{4}$ = ___ = ___   2. $\frac{2}{12}$ = ___ = ___   3. $\frac{8}{14}$ = ___ = ___   4. $\frac{4}{18}$ = ___ = ___

5. $\frac{10}{24}$ = ___ = ___   6. $\frac{4}{9}$ = ___ = ___   7. $\frac{10}{20}$ = ___ = ___   8. $\frac{18}{24}$ = ___ = ___

Completa cada fracción equivalente.

9. $\frac{1}{11} = \frac{}{33}$ 10. $\frac{1}{4} = \frac{}{20}$ 11. $\frac{4}{16} = \frac{}{32}$ 12. $\frac{8}{9} = \frac{}{54}$

13. $\frac{3}{15} = \frac{}{45}$ 14. $\frac{2}{6} = \frac{}{36}$ 15. $\frac{5}{16} = \frac{}{48}$ 16. $\frac{3}{8} = \frac{}{24}$

Corrige el párrafo. Busca errores de máyusculas y puntuación.

Plate Tectonics

Earth's crust is broken into huge pieces called tectonic plates these plates include whole continents and sections of the ocean floor. Tectonic plates. Are shifting constantly. The uneven line where two plates meet is called a rift zone earthquakes often occur along rift zones. When part of a slowly moving plate. Sticks to an opposing plate at a point along the rift zone, pressure builds. The pressure rises behind the section until finally it gives way and moves The shock from this sudden shift is like a stone tossed into a pond It sends waves in all directions

DÍA 3

Comprensión lectora

Lee el párrafo. A continuación, responde las preguntas.

Energy Conservation

Energy conservation means being careful about how much energy you use and trying to use less energy. You can conserve energy by driving cars with higher fuel efficiency, which means you can travel farther using less fuel. You can recycle or reuse materials, such as plastic, glass, paper, and metal, and you can buy products made from recycled materials. You can also conserve energy by using less at home. Wear heavier clothing instead of turning up the heat when the weather gets colder. Turn off the lights when you leave a room and unplug small appliances and machines, such as televisions and computers, when you will be away for a long period of time. Using less electricity, gas, and water means you will have lower utility bills, and you will help the environment.

17. What is the main idea of this passage?
    A. Some materials can be recycled instead of thrown away.
    B. Utility bills are sometimes higher in the summer.
    C. There are many ways to conserve energy.

18. What does the phrase *energy conservation* mean? _____

19. Why might you want to use a car with high fuel efficiency? _____

20. What are some materials that can be recycled? _____

21. What are two ways that you can help conserve energy at home? _____

DATO: La temperatura mundial ha aumentado 0.8°C (1.4 °F) desde 1880.

Multiplicación/Lengua y literatura

DÍA 4

Encuentra el *máximo común divisor* (Greatest Common Factor, GCF) para cada par de números.

1. 6
   18
   GCF:

2. 15
   20
   GCF:

3. 24
   32
   GCF:

4. 14
   21
   GCF:

5. 14
   35
   GCF:

6. 9
   15
   GCF:

7. 18
   27
   GCF:

8. 4
   12
   GCF:

9. 15
   40
   GCF:

Lee cada oración y decide qué tipo de lenguaje figurado contiene. Escribe *S* en la línea para *símil* (simile), *M* para *metáfora* (metaphor), *H* para *hipérbole* (hyperbole) o *P* para *personificiación* (personification).

10. _____ Silence hung in the air like a thick veil of fog.
11. _____ I'm so hungry, I could eat a horse!
12. _____ Ian's tiny hands were like miniature starfish on his mama's arm.
13. _____ The drops of rain ran cheerfully down the window.
14. _____ The school was a complete zoo on the last day of class.
15. _____ This headache has been a bear all morning.
16. _____ The welcoming arms of Rodney's sleeping bag reached out to him as he sleepily crawled inside.
17. _____ My computer has been cranky and uncooperative all morning, so I haven't accomplished much.
18. _____ Hail bounced against the roof like thousands of tiny footsteps.
19. _____ Grandpa Harry worked his fingers to the bone for many years.

DÍA 4

Encierra en un círculo la letra que corresponda al significado correcto de cada *raíz* (root word). A continuación, escribe dos palabras en inglés que contengan la raíz.

20. **therm**   A. above   B. heat   C. after
    _____

21. **aud**   A. sound   B. for   C. taste
    _____

22. **morph**   A. love   B. form   C. change
    _____

23. **biblio**   A. form   B. good   C. book
    _____

24. **geo**   A. earth   B. measure   C. power
    _____

Imagina que te encargas de hacer un nuevo programa de televisión que combina todos los personajes de tus dos programas favoritos. ¿Qué pasaría en el primer episodio de tu nuevo programa? Utiliza una hoja aparte si necesitas más espacio.

_____
_____
_____
_____
_____
_____
_____
_____

ACONDICIONAMIENTO FÍSICO:
Haz 10 levantamientos de hombros

* Ve la página ii.

Proporciones/Puntuación

DÍA 5

Max está preparando una mezcla de frutos secos. La proporción de frutos secos es de 3:1. Completa la tabla de proporciones para mostrar las proporciones equivalentes. Luego, grafica las proporciones en el plano de coordenadas.

Nueces (x)	Frutos (y)
3	1
6	2
___	___
___	___
___	___

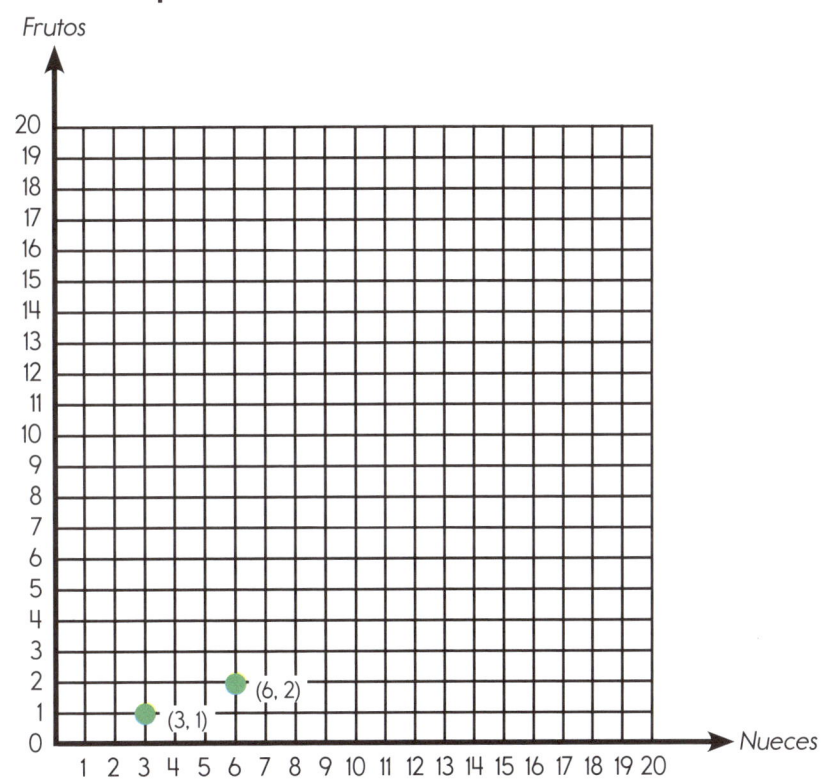

En cada oración, escribe las comas que sean necesarias.

1. Gretchen can you give me a hand?
2. The mural was filled with splashes of blue green gold and red.
3. Mrs. Yim my fourth-grade teacher was always my favorite.
4. You can either come to my house or I will come to yours.
5. Carla donated food blankets and clothing.
6. "Please show me the way out of here" said Mia.
7. I want to leave but I am afraid that I will miss something.
8. On Saturday April 18 2009 I went swimming in Crystal Creek.

DÍA 5

Lengua y literatura/Acondicionamiento físico

Una *raíz* (root word) es una palabra que tiene un *prefijo* (prefix), un *sufijo* (suffix) o ambos. Lee cada palabra. Escribe la raíz y el prefijo o el sufijo en las casillas correspondientes.

	Prefijo	Raíz	Sufijo
9. misfortune			
10. remove			
11. painless			
12. unusual			
13. disappear			

Estiramiento de pantorrillas

Los estiramientos son una parte importante de cualquier programa de ejercicios. Los estiramientos aumentan la amplitud de movimientos de la persona y pueden prevenir lesiones musculares. Recuerda que debes calentar antes de estirar, ya sea dando una vuelta a la manzana o trotando en el mismo lugar durante varios minutos.

Un estiramiento que es importante para muchos atletas es el de las pantorrillas. El músculo de la pantorrilla se extiende desde el talón hasta la parte posterior de la rodilla. Párate frente a una pared. Levanta los brazos adelante de ti con las palmas de las manos apoyadas en la pared. Presiona contra la pared.

Coloca la pierna derecha detrás de ti, con el talón apoyado en el piso. La pierna izquierda debe estar doblada y ligeramente por delante de la pierna derecha, más cerca de la pared. Debes sentir el estiramiento en la espalda baja y la pierna derecha. Mantén el estiramiento por 30 segundos. Luego, cambia a la otra pierna.

> **PRUEBA DE CARÁCTER:** Piensa en alguien que conozcas que sea valiente. Escribe un poema haiku sobre esa persona y compártelo con un familiar.

* Ve la página ii.

Multiplicación/Estructura de la oración

DÍA 6

Encuentra el *mínimo común múltipo* (Least Common Multiple, LCM) para cada conjunto de números.

1. 6
   2
   LCM:

2. 4
   8
   LCM:

3. 5
   3
   LCM:

4. 4
   6
   LCM:

5. 8
   12
   LCM:

6. 6
   10
   LCM:

7. 6
   5
   15
   LCM:

8. 4
   9
   18
   LCM:

9. 4
   7
   14
   LCM:

Lee cada oración. Encierra en un círculo el *sujeto completo* (complete subject). Subraya el *predicado completo* (complete predicate).

10. The robin is considered a sign of spring in the Midwest.
11. The Henderson family moved into an apartment on the 14th floor.
12. I read about the extra traffic that creates problems during the winter.
13. The US Open is a prestigious tennis tournament.
14. Each member of the team deserves a trophy for his participation and hard work.
15. Some rivers flow in a northern direction.
16. Chang's family went hiking in Yellowstone National Park.
17. Kelsey adopted the tiny gray kitten from the animal shelter.
18. Nora, Quinn, and Scott are going to the pool this afternoon.

DÍA 6

Comprensión lectora

Lee el siguiente pasaje. A continuación, responde las preguntas.

Mountaintop Rescue

Sam Santiago groggily pulled himself out of sleep at the insistent ringing of his cell phone. Moments later, he hurriedly dressed in the dim glow from the hallway night-light. When his wife woke up, she sighed. "Who is it this time?" she asked.

"A dozen Boy Scouts and their chaperones," replied Sam, slipping on a second pair of socks. "Over two feet of snow fell on the mountain last night, and the Scouts and their leaders were unprepared. No one's heard anything from them, and the parents are understandably frantic."

"I'm heading for the airport," he added, grabbing his keys from the dresser.

"Oh, those poor boys," said Isobel, reaching for her glasses. She was fully awake now.

"Do you really think it's safe to fly, Sam?" she asked, anxiously peering out the window at the steadilly falling flakes. "Your visibility is going to be nearly nonexistent with this snow."

"I wouldn't go if didn't think I had the ability to bring them home safely," Sam promised. "You know that, Isobel. I won't take any unnecessary risks."

In spite of his reassurances to Isobel, Sam felt a wave of worry wash over him as he stood next to the helicopter. He took a deep breath of the icy air and prepared himself for a long night.

19. Write a brief summary of the passage. _____

20. Does Sam reveal his feelings about the rescue to Isobel? Why or why not? _____

21. What metaphor does the author use in the last paragraph? _____

22. How do you think Isobel feels about Sam's job? Cite examples from the text to support your answer. _____

23. What do you think happens next in the story? On a separate sheet of paper, continue and conclude the story.

Fracciones/Estructura de la oración

DÍA 7

Reescribe cada par de fracciones usando el *mínimo común denominador* (least common denominator, LCD).

1. $\frac{1}{9}$ y $\frac{1}{3}$
2. $\frac{1}{3}$ y $\frac{1}{6}$
3. $\frac{5}{6}$ y $\frac{2}{5}$

4. $\frac{3}{8}$ y $\frac{2}{3}$
5. $\frac{1}{3}$ y $\frac{4}{9}$
6. $\frac{4}{5}$ y $\frac{5}{9}$

7. $\frac{2}{4}$ y $\frac{3}{7}$
8. $\frac{2}{3}$ y $\frac{7}{8}$
9. $\frac{3}{5}$ y $\frac{5}{6}$

Subraya el *sujeto* (subject) en cada oración. Después, encierra en un círculo la forma correcta del *verbo* (verb).

10. Some of the beads (is, are) missing from the necklace.
11. Where (is, are) the gate to her house?
12. Tucson (lies, lie) to the south of Phoenix, Arizona.
13. A statue of Barbara Johns (stand, stands) on capital grounds in Virginia.
14. The Dodgers, Braves, and Cardinals (is, are) division leaders.

Completa cada oración con un verbo que tenga sentido y concuerde con el sujeto.

15. Brittany and Mel _____ their homework immediately after school.
16. If the sheep are in the meadow, the cows _____ in the barn.
17. Tourists _____ warmer climates in the winter.
18. Christie _____ much more slowly than Merilee.
19. The home team fans always _____ louder than the visiting team fans.

DÍA 7

Lengua y literatura/Acertijos

Lee cada palabra. Escribe en las casillas la *raíz* (root word) y el *prefijo* (prefix) o *sufijo* (suffix) correspondientes. Algunas palabras pueden tener un prefijo y también un sufijo.

	Prefix	Root word	Suffix
20. misspelled			
21. disagree			
22. reappearing			
23. hopeless			
24. unlikely			

Los siguientes acertijos utilizan letras y palabras como pistas para representar una idea, una frase o un refrán. El orden y el tamaño de las palabras pueden ayudar a trasmitir el significado del acertijo. Mira los acertijos. Escribe la frase, el refrán o la idea que represente cada pista.

25.
Funny   Funny
Words   Words
Words   Words

26.
All _{world}

27.
thodeepught

28.
PRO
MISE

ACONDICIONAMIENTO FÍSICO:
Toca 10 veces los dedos de tus pies.

* Ve la página ii.

Grafica los siguientes puntos en el *plano de coordenadas* (coordinate plane): A (4,6), B (4,-3), C (-2,-3).

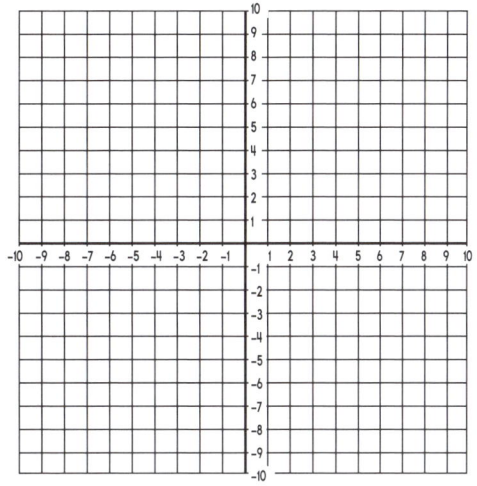

Los puntos A, B y C forman tres vértices de un rectángulo. El cuarto vértice es el punto D. Une los puntos de la cuadrícula para determinar la ubicación del punto D. Escribe sus coordenadas: D (____, ____).

Completa cada proverbio con una palabra del banco de palabras. A continuación, explica el significado del proverbio.

actions	fonder	hand	greener	cloud

1. A bird in _____ is worth two in the bush.
   _____

2. Absence makes the heart grow _____.
   _____

3. Every _____ has a silver lining.
   _____

4. The grass is always _____ on the other side of the fence.
   _____

5. _____ speak louder than words.
   _____

DÍA 8

Lengua y literatura/Ciencia

Hay muchas palabras y oraciones extranjeras que se utilizan habitualmente en el inglés. Lee cada oración. Escribe en la línea el significado de la palabra u oración que está en cursivas. Utiliza un diccionario si necesitas ayuda.

6. At the party, Ren spilled fruit punch on the carpet and was embarrassed by his *faux pas.*_____

7. Because there is little traffic there, Janice rides her bike around the *cul-de-sac* in her neighborhood. _____

8. In order to apply for a job as senior editor, Sam submitted his *résumé* to the human resources department. _____

9. My music teacher insists that my *forte* is rhythm. _____

Escribe la letra de cada tipo de científico junto a la descripción de lo que estudia. Utiliza un diccionario si necesitas ayuda.

A. agrónomos	B. antropólogos	C. botánicos
D. ecólogos	E. entomólogos	F. genetistas
G. biólogos marinos	H. paleontólogos	I. zoólogos

10. _____ Vida vegetal.
11. _____ Seres vivos y no vivos en los ecosistemas.
12. _____ Relaciones de los organismos a través del ADN.
13. _____ Granjas, cultivos y suelo.
14. _____ Animales y sus clasificaciones.
15. _____ Insectos.
16. _____ Fósiles y formas de vida del pasado.
17. _____ Seres humanos del pasado y del presente.
18. _____ Animales y plantas acuáticas.

DATO: Cada día, el cuerpo humano reemplaza millones de células muertas.

División/Estructura de la oración

DÍA 9

Resuelve los problemas. Muestra tu trabajo.

1. 12)1,584

2. 73)84,649

3. 25)4,675

4. 19)24,396

5. 45)5,947

6. 60)588,140

7. 105)212,205

8. 15)87,129

9. 54)749,423

Corrige el párrafo. Busca errores en la *concordancia entre sujeto y verbo* (subject/verb agreement).

Monday Math Challenge

Every Monday, students in Mrs. Verdan's class works in pairs to complete math challenges. Each pair select its own working space. Gregory and Lea likes the table by the window. Lily and Masandra takes the round table near the door. Mandy and Zoe grabs the soft seats in the library corner. Each pair has 45 minutes to solve the puzzle. Most of them finishes on time. They shares their solutions with the whole class. Mrs. Verdan explain the solution and answer questions. Mrs. Verdan's students enjoys the weekly math challenges.

DÍA 9

Comprensión lectora

Lee el pasaje. Después, responde las preguntas.

Hammurabi's Code

One reason that modern countries run smoothly is that their laws are published. Because of this, all citizens know the laws that they must follow. During ancient times, laws were not always recorded. A Babylonian king named Hammurabi created the first set of written laws for his people around 1760 BC. He wanted to bring all of the people in his empire together under one set of laws. Because the laws were written, everyone, whether rich or poor, was expected to obey them.

Hammurabi's Code included 282 laws written in cuneiform, a type of writing in which symbols were carved into clay tablets. Each law included a penalty, or punishment, for disobeying it. The laws were written on a **stela**, which was a large slab of stone posted for all to see. Archaeologists working in the area now known as Iran discovered the stela in 1901. Hammurabi's Code is now displayed in the Louvre Museum in Paris, France.

10. What is the main idea of this passage?
    A. Modern countries publish their laws.
    B. Hammurabi's Code is an ancient set of written laws.
    C. Archaeologists often find ancient materials.

11. Who was Hammurabi? _____

12. Why did Hammurabi write his laws? _____

13. What is a *stela*? _____

14. Visit a library or go online to find examples of cuneiform. How do the examples add to your understanding of the selection? _____

ACONDICIONAMIENTO FÍSICO:
Haz círculos con los brazos durante 30 segundos.

* Ve la página ii.

Proporciones/Lengua y literatura

DÍA 10

Utiliza proporciones iguales para resolver cada problema.

1. El supermercado Quick-Mart vende 5 botellas de agua por 2.00 dólares ¿Cuántas botellas de agua puede comprar un cliente con 12 dólares?

   _____ botellas de agua

2. Las plantas de tomate del jardín de la señora Lang crecen 2 pulgadas cada 3 días. ¿Cuánto crecerán en 15 días?

   _____ pulgadas

3. Óscar condujo 240 millas en 4 horas. ¿Qué distancia recorrerá en 7 horas?

   _____ millas

4. Roberto anotó 3 goles en 2 partidos de fútbol. A este ritmo, ¿cuántos goles anotará en 10 partidos?

   _____ goles

Este glosario es de un libro sobre nutrición. Utilízalo para responder a las siguientes preguntas.

> **calorie:** a measure of the energy stored in food; the amount of heat needed to raise the temperature of one gram of water one degree Celsius
> **digestion:** the process of breaking up food into smaller parts so that the body can use the nutrients in the food
> **nutrients:** the building blocks, such as carbohydrates, proteins, fats, vitamins, and minerals, of various cell parts
> **protein:** nutrients that build, maintain, and repair the tissues in the body; meat, nuts, seeds, dairy products, and legumes are good sources of protein
> **vitamins:** nutrients that are essential in small quantities for normal health and are needed for chemical reactions in the cells

5. If the word *carbohydrates* were added to the glossary, where would it belong?
   _____

6. Which of these would not be a good source of protein?
   A. lettuce   B. chicken   C. black beans

7. Give an example of two types of nutrients. _____ _____

8. What is a calorie? _____

DÍA 10

Lengua y literatura/Desarrollo del carácter

Un *anagrama* (anagram) es una palabra que se forma reordenando las letras de otra palabra. Escribe los anagramas que mejor se ajusten a cada par de pistas.

9. a type of cup _____
   candy that is chewed repeatedly _____

10. item worn by babies _____
    got back money that was loaned _____

11. a circle _____
    a place to swim that some people have in their yards _____

12. the rising and falling of the ocean level _____
    to correct a piece of writing _____

13. to move smoothly _____
    a hunting animal that lives in a pack _____

Respeto significa tratar a las personas con cortesía y consideración. Piensa en una ocasión en la que hayas visto a una persona mostrar respeto. ¿Dónde estabas? ¿Cómo demostró esa persona su respeto? Elige una de las siguientes situaciones. En una hoja aparte, dibuja una tira cómica con cuatro paneles que muestre los posibles resultados para personas respetuosas e irrespetuosas.

A. Es la última semana de clases antes de las vacaciones de verano. Tú y tus mejores amigos hablan después del almuerzo y disfrutan de estar al aire libre. Entonces, oyen sonar el timbre. Todos caminan hacia el colegio y llegan a la entrada al mismo tiempo.

B. Estás en la cafetería de la escuela almorzando con tus amigos. Los estudiantes están ocupados comiendo y hablando, y hay mucho ruido. De repente, te das cuenta de que el director entró a la cafetería y se dispone a hacer un anuncio.

> **PRUEBA DE CARÁCTER:** Haz una lista de tres cosas que puedas hacer en casa que demuestren cooperación. Coloca la lista en algún lugar visible para que los miembros de tu familia puedan completarla.

Álgebra/Proporciones

DÍA 11

Ordena de menor a mayor.

1. −5, 7, 3, −2, 0, −7
   _____

2. 3, −3, 2, −2, 4, −5
   _____

3. 10, −12, 11, −1, 0, 5
   _____

4. −8, 12, 5, −3, 2, −2
   _____

Encuentra el valor absoluto de cada número entero.

5. |−24| = _____
6. |35| = _____
7. |56| = _____
8. |−82| = _____
9. |16| = _____
10. |−39| = _____

Escribe cada proporción como fracción de la forma más simple.

11. En un circo hay 5 caballos y 15 elefantes. Escribe la proporción entre elefantes y caballos. _____

12. En un circo hay 16 caballos y 14 elefantes. Escribe la proporción entre caballos y elefantes. _____

13. En una caja hay 11 canicas azules y 7 rojas. Escribe la proporción entre canicas rojas y canicas azules. _____

14. En una canasta de frutas hay 12 manzanas y 15 naranjas. Escribe la proporción entre manzanas y naranjas. _____

15. En una caja hay 5 canicas azules y 16 canicas rojas. Escribe la proporción entre canicas azules y canicas rojas. _____

16. En un parque hay 12 perros y 7 gatos. Escribe la proporción entre gatos y perros. _____

© Carson Dellosa Education

DÍA 11

Lengua y literatura/Estudios sociales

Las *palabras compuestas* (portmanteau words) se forman combinando dos palabras. Por ejemplo, «brunch» es una combinación de las palabras «breakfast» y «lunch». Combina cada par de palabras para formar una palabra compuesta.

17. flame + glare = _____

18. smoke + fog = _____

19. crispy + munch = _____

20. motor + hotel = _____

21. gleam + shimmer = _____

Etiqueta cada elemento del mapa con una palabra del banco de palabras.

| rosa de los vientos | leyenda | escala | título |

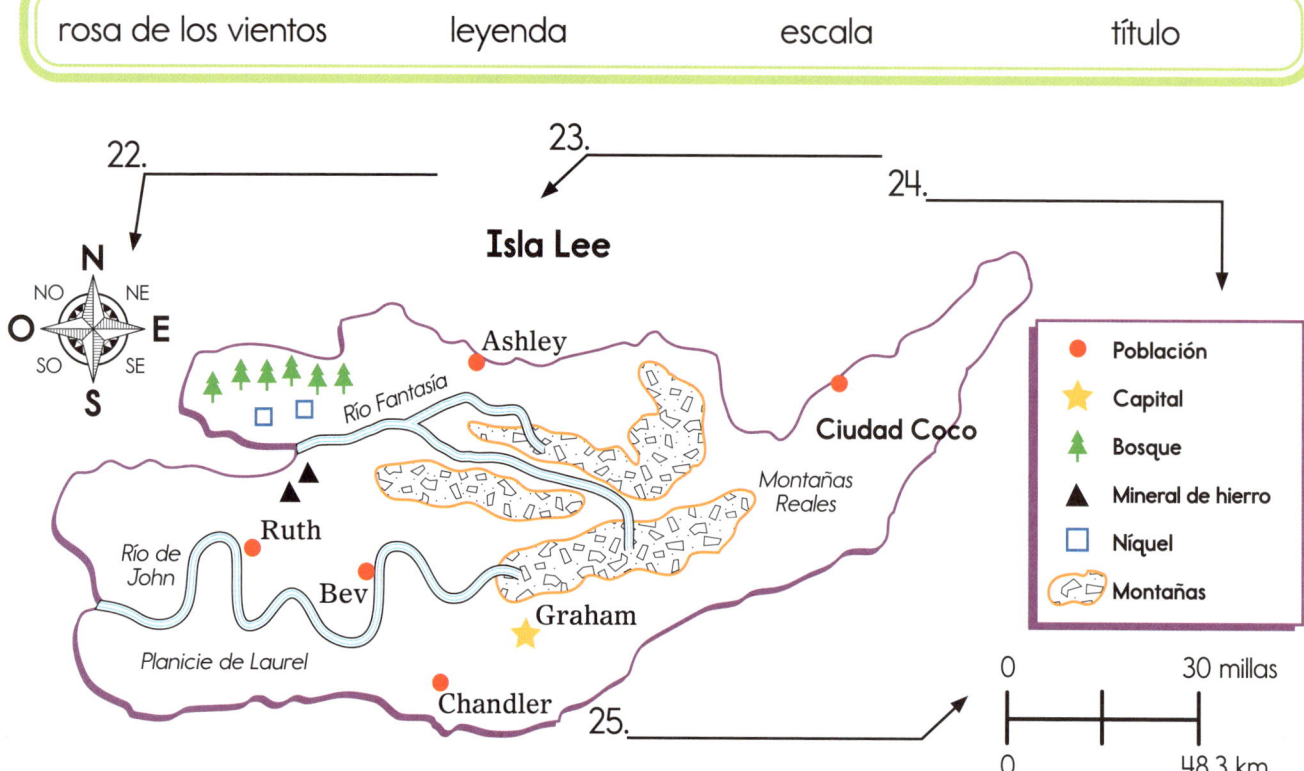

DATO: El halcón peregrino puede volar a velocidades de hasta 186 millas (300 km) por hora.

Decimales/Partes de la oración

DÍA 12

Resuelve los problemas.

1.   7.59
    +2.09

2.   25.90
    +34.80

3.   157.8
    + 30.4

4.   83.041
    + 5.226

5.   10.42
    − 6.01

6.   52.99
    −25.00

7.   14.07
    − 2.88

8.   19.99
    −12.70

9.   15.08
      46.09
    +145.73

10. 35.33
     19.38
    +10.94

11. 19.44
    −11.79

12. 99.421
    −77.025

Un *sustantivo concreto* (concrete noun) es una persona, un lugar o una cosa. Un *sustantivo abstracto* (abstract noun) es una idea, una emoción o un concepto. Escribe C si la palabra es un sustantivo concreto. Escribe A si la palabra es un sustantivo abstracto.

13. _____ joy
14. _____ bravery
15. _____ hair
16. _____ imagination
17. _____ peach
18. _____ freedom
19. _____ phone
20. _____ guitar

¿Es el sustantivo *pride* (orgullo) un sustantivo concreto o un sustantivo abstracto? Explica en inglés tu decisión.

_____
_____
_____
_____
_____

DÍA 12

Lengua y literatura/Escritura

Lee cada oración. A continuación, encierra en un círculo la letra que corresponda al significado correcto de la palabra en negritas.

21. The engineers were afraid that the bridge would **buckle** under too much weight.
    A. piece of metal worn in the middle of a belt
    B. collapse or give way under pressure

22. The committee will **deliberate** on the issues.
    A. discuss before making a decision
    B. done on purpose after careful consideration

23. Please **relay** my message to the principal.
    A. communicate or pass along to
    B. race with a team of runners

24. We **scoured** the park for clues to the mystery.
    A. scrubbed clean
    B. searched thoroughly

25. A **plume** of smoke rose from the chimney.
    A. feather of a bird
    B. long column or band

Si pudieras elegir una opción, ¿preferirías poder volar o poder volverte invisible? ¿Qué otro superpoder te gustaría tener? Utiliza una hoja aparte si necesitas más espacio.

_____
_____
_____
_____
_____

ACONDICIONAMIENTO FÍSICO: Practica una sentada en V. Estira cinco veces.

* Ve la página ii.

Proporciones/Estructura de la oración

DÍA 13

Usa las *proporciones* (ratios) para convertir cada medida.

1. 3 yardas = _____ pies
2. _____ tazas = 5 galones
3. 72 pulgadas = _____ yardas
4. _____ onzas = 5 libras
5. _____ pulgadas = 7 pies
6. 24 pies = _____ yardas
7. 40 pintas = _____ galones
8. 16 tazas = _____ cuartos de galón
9. _____ pulgadas = 4 yardas
10. 48 onzas = _____ libras

> pulgadas a pies = 12:1
> pies a yardas = 3:1
> pulgadas a yardas = 36:1
> onzas a libras = 16:1
> tazas a cuartos de galón = 4:1
> pintas a galones = 8:1

Los textos son más interesantes de leer cuando incluyen una variedad de estructuras de oraciones. Escribe una oración que se ajuste a cada descripción.

11. Write a complex sentence.
    _____

12. Write a sentence with an indirect object.
    _____

13. Write a compound sentence that contains a prepositional phrase.
    _____

14. Write a sentence with a compound subject and/or verb.
    _____

15. Write a sentence with two direct objects.
    _____

DÍA 13

Lee el horario de los cines. A continuación, responde las preguntas.

Summer Movies
Afternoon and Evening Schedule

Cinema 6	Movie Mania	Theater Town
Oceans Apart 12:30 2:15 4:30	*Your Lucky Day* 12:30 2:15 4:30 7:00	*Feline Friends* 1:00 3:30 5:00
Land of Treasure 12:15 2:30 5:00	*Land of Treasure* 12:15 2:45 5:30 7:30	*Gridiron Greats* 1:00 3:15 5:30
Gridiron Greats 1:00 3:00 5:30	*Gridiron Greats* 1:30 4:00	*Time and Time Again* 12:30 3:45 6:15
Super Safari 1:00 3:30 6:00	*Super Safari* 2:30 5:30	*Your Lucky Day* 12:15 3:00 5:00
Your Lucky Day 12:00 3:30	*Oceans Apart* 3:00 6:00	*The Prairie Pals* 2:00 5:15
The Prairie Pals 12:00 3:30 6:15	*Feline Friends* 12:15 2:45 5:00	*Land of Treasure* 12:00 3:45 6:30

16. Which movie is scheduled for the latest show time at any of the theaters?

_____

17. It is 12:15 P.M. Valerie has a scout meeting at 4:00 P.M. Her family would like to see a movie before the meeting. Which of the following movies would fit their schedule, if each movie is two hours long?

   A. *Oceans Apart* at Movie Mania
   B. *Gridiron Greats* at Theater Town
   C. *Your Lucky Day* at Cinema 6
   D. *Super Safari* at Movie Mania

18. There are three children in the Sanchez family. Each child wants to see a different movie. Which of the theaters is showing three different movies with the same starting time?

_____

> **DATO:** El desierto del Sahara, en África, tiene el mismo tamaño que Estados Unidos.

Resolución de problemas/Usos

DÍA 14

Resuelve cada problema. Muestra tu trabajo.

La señora Carlyle compró una bolsa de cacahuates para sus hijos. Cuando Phillip, Joy, Brent y Preston llegaron del colegio, cada uno sacó algunos cacahuates de la bolsa.

- Phillip sacó $\frac{1}{3}$ cacahuates de la bolsa.
- Joy sacó $\frac{1}{4}$ de los cacahuates restantes.
- Brent sacó $\frac{1}{2}$ de los cacahuates restantes.
- Preston sacó 10 cacahuates.
- Quedaron 71 cacahuates en la bolsa.

1. ¿Cuántos cacahuates había originalmente en la bolsa? _____
2. ¿Cuántos cacahuates sacó cada niño? _____
_____

Reescribe cada oración para corregir el negativo doble.

3. Sidney couldn't do nothing with her hair.
_____

4. Mateo didn't have no second thoughts about the decision he made.
_____

5. No, Celia didn't see nobody else at the market.
_____

6. Kevin could not never see the road because of the heavy snow.
_____

7. Mia hasn't received no mail in more than a week.
_____

8. I didn't borrow none of the movies from Toni.
_____

DÍA 14

Lengua y literatura/Escritura

Lee cada oración. A continuación, encierra en un círculo la letra que corresponda al significado correcto de la palabra en negritas.

9. Deanna's **rash** decision caused her to lose the game.
   A. hasty or reckless
   B. skin inflammation

10. Mom paid a **toll** when we crossed the bridge.
    A. ring like a bell
    B. small tax or fee

11. Her **initial** reaction to the rain was to cancel the race.
    A. first or beginning
    B. the first letter of a person's name

12. The river has a very high **bank**.
    A. a place to keep money
    B. a slope or hill

13. We asked the cashier to **void** our transaction.
    A. cancel
    B. empty space

¿Cómo cambiaría tu vida sin la electricidad y sin máquinas como los autos? Describe en inglés qué cosas de tu vida cambiarían y cuáles seguirían igual. ¿La vida sería mejor o peor? ¿Por qué? Utiliza una hoja aparte si necesitas más espacio.

_____
_____
_____
_____

ACONDICIONAMIENTO FÍSICO:
Haz círculos con los brazos durante 30 segundos.

* Ve la página ii.

Álgebra/Partes de la oración

DÍA 15

Traduce cada descripción en una expresión algebraica. Luego, evalúa la expresión usando el valor mostrado en el recuadro para cada variable.

EJEMPLO: el cociente de 112 y *a* sumado a 25 = **(112 ÷ *a*) + 25 = 53**

$a = 4$	$b = 3$	$c = 9$	$d = 2$
$w = 10$	$x = 11$	$y = 7$	$z = 5$

1. La diferencia de 100 y el producto de *y* y 12 = _____ = _____
2. *b* multiplicado por la suma de 15 y 37 = _____ = _____
3. 27 sumado al producto de *z* y 12 = _____ = _____
4. 135 dividido por el producto de *c* y 5 = _____ = _____
5. *w* a la segunda potencia por el cociente de 12 y 4 = _____ = _____
6. 12 multiplicado por *d* dividido por la diferencia de 25 y 19 = _____ = _____
7. El producto de *x* y 5 sumado a 13 = _____ = _____

El *antecedente* (antecedent) es la palabra o frase a la que se refiere un *pronombre* (pronoun). Subraya el antecedente en cada oración. Luego, encierra en un círculo el pronombre que concuerde en número con el antecedente.

8. Our neighbor brought (her, their) dog to play at our house.
9. Since it has been getting cold, I told the guests to bring (his, their, your) coats.
10. The lawyer often collaborates with (our, her, their) colleagues.
11. Students who complete all of (his, her, their) homework assignments often do well on tests.
12. If anyone else wants to go on the field trip, (he or she, it, they) should bring a note from home tomorrow.
13. The girl needs to have (her, she, their) own art supplies for class.
14. The council members voiced (his, her, their) opinions at the town hall meeting.

DÍA 15

Lengua y literatura/Acondicionamiento físico

Lee cada oración. A continuación, encierra en un círculo la letra que corresponda al significado correcto de la palabra en negrita.

15. To what **degree** do you agree with his remarks?
    A. measurement of temperature
    B. extent of a condition

16. The tapestry has **elaborate** designs on it.
    A. detailed or complex
    B. tell more about

17. The map has a **legend** to tell us what the symbols mean.
    A. story told from the past
    B. explanation of symbols

18. The bike shop charges a **flat** rate for replacing tires.
    A. set or not varying
    B. smooth and even

19. Mom said that my new glasses **suit** me.
    A. look appropriate on
    B. matched set of clothing

¡Fiebre de danza!

Demuestra tu habilidad para bailar con diferentes ritmos musicales. Elige canciones que tengan diferentes velocidades y haz que un amigo o un adulto ponga pequeñas partes de cada canción. Empieza a bailar y ajusta tu velocidad al tempo de cada canción. Estira todos los grupos musculares principales con movimientos como inclinarte hacia adelante, arquear la espalda y levantar los brazos por encima de la cabeza. Recuerda calentar y enfriar con una canción lenta y estirar lentamente al principio.

PRUEBA DE CARÁCTER: Haz una lista de tres cosas que puedas hacer en casa para mostrar respeto. Comparte tu lista con un miembro de tu familia.

* Ve la página ii.

Álgebra/Partes de la oración

Escribe *expresiones equivalentes* (equivalent expressions).

1. $5(a + a + a) =$ _____
2. $6(3x - 4) =$ _____
3. $3^2(g + 12) =$ _____
4. $w(3w - 8) =$ _____
5. $10(5 + 2m) =$ _____
6. $13(z + z + z) =$ _____
7. $3(3y + 7) =$ _____
8. $5(b + 20) =$ _____
9. $4^2(2c + 3) =$ _____
10. $9(9d - d) =$ _____
11. $7(n^2 + 8) =$ _____
12. $40 \div 6(f + f + f) =$ _____

Encierra en un círculo el pronombre o los pronombres que completen correctamente cada oración.

13. (I, Me) planted many seeds in (our, ours) garden.
14. Will (you, your) come with (I, me) to (their, theirs) house?
15. Joe loaned (he, his) new baseball glove to (she, her).
16. Did (her, she) blame (we, us) for the broken window?
17. Tye will help Justin and (I, me) look for (it, its).
18. (We, Us) can build (it, its) over there in (your, yours) big tree.
19. Owen and (I, me) took an art course this summer.
20. Sara and Bonnie took (they, them) to the matinee.
21. After the snowstorm, (us, we) helped shovel the walkway.
22. Cameron helped (she, her) find the lens from (her, hers) glasses.

DÍA 16

Lee el pasaje. A continuación, responde las preguntas.

Fossils

Fossils are the remains of plants or animals from thousands of years ago that have turned to stone. After the organisms died, their bodies were buried in sediment and gradually replaced by minerals. Sometimes, an animal's bones, teeth, or shell are preserved. Other times, only an impression of its body is made. Footprints, eggs, and nests can also be fossilized.

Fossils can be found in many places. They are frequently uncovered when people dig up the earth as they build roads. Also, fossils often are buried in layers of rock and are exposed through erosion of a mountainside. Others are found during undersea excavation. Scientists study fossils to learn what the living animals and plants looked like. They can use radiocarbon dating to find out how old a fossil is. All living things contain carbon, so scientists measure how much carbon is left in a fossil to determine its age.

23. What is the main idea of this passage?
    A. Radiocarbon dating helps scientists determine the age of fossils.
    B. Sometimes, only an impression of a plant is left.
    C. Fossils are plant or animal remains from long ago.

24. What happens when something is fossilized? _____

25. What parts of an animal's body might be preserved? _____

26. Why do scientists study fossils? _____

27. How does radiocarbon dating help determine a fossil's age? _____

DATO: En Australia hay aproximadamente el doble de canguros que de personas.

Álgebra/Partes de la oración

DÍA 17

Una *variable dependiente* (dependent variable) es un valor que se ve afectado por otros valores en un problema o situación. Una *variable independiente* (independent variable) es un valor que afecta al resultado de la variable dependiente.

En cada situación, identifica la variable dependiente y la variable independiente. Luego, escribe una ecuación para resolver el problema.

1. María tiene que comprar naranjas en el supermercado. Las naranjas cuestan 1.15 dólares por libra. ¿Cuánto gastará María en naranjas?

   Variable dependiente: _____

   Variable independiente: _____

   Ecuación: _____

2. Un arbusto de lilas tiene 24 pulgadas de altura cuando se siembra. Cada mes, crece 6 pulgadas más. ¿Qué altura alcanzará con el tiempo?

   Variable dependiente: _____

   Variable independiente: _____

   Ecuación: _____

Encierra en un círculo cada *pronombre posesivo* (possesive pronoun). Dibuja una flecha hacia el sustantivo al que modifique.

3. Their mom travels around the state on business.
4. Our house is near the library.
5. Its handle is loose.
6. The black dog beside the tree is mine.
7. Her socks are in the middle drawer.
8. We went to the musical with his parents.
9. The house with the pool is his.
10. My friend asked my opinion about which bike to buy.
11. The vegetable and cream cheese sandwich is hers.
12. Their wooded backyard is a great place to play.

DÍA 17

Lengua y literatura/Estudios sociales

La emoción asociada a una palabra es su *connotación* (connotation). Lee cada palabra. Escribe *P* si la palabra tiene una connotación positiva. Escribe *N* si la palabra tiene una connotación negativa. A continuación, busca cada palabra en un diccionario y escribe su *denotación* (dennotation).

13. _____ desolate _____
14. _____ serene _____
15. _____ noble _____
16. _____ betray _____
17. _____ intrepid _____

Escribe bien cada palabra para formar el nombre de un país de Europa Oriental u Occidental. Utiliza un mapa si necesitas ayuda.

18. diarnal _____
19. sauri _____
20. maeialan _____
21. atruisa _____
22. candaimra _____
23. qituaur _____
24. ceaius _____
25. naoteil _____
26. apgrotlu _____
27. rbasaiurolie _____

ACONDICIONAMIENTO FÍSICO:
Practica una sentada en V. Estira cinco veces.

* Ve la página ii.

Álgebra/Partes de la oración

DÍA 18

Usa la *sustitución* (substitution) para determinar qué valor de la variable hace que la ecuación o desigualdad sea verdadera. Luego, encierra en un círculo el valor que haga que el enunciado numérico sea verdadero.

1. $x + 25 = 51$ 24, 25, 26
2. $17 \times a = 85$ 9, 7, 5
3. $26 > 7 \times y$ 5, 4, 3
4. $35 < 57 - d$ 20, 25, 30
5. $6m > 72$ 13, 12, 11
6. $p - 84 > 102$ 184, 186, 188
7. $125 \div t = 25$ 4, 5, 6
8. $n + 55 > 175$ 125, 120, 115

Encierra en un círculo los *pronombres indefinidos* (indefinite pronouns) de cada oración.

9. Many will come to the museum this summer.
10. A hummingbird came to the feeder this morning, and others came last night.
11. Someone got the crowd to cheer excitedly.
12. Only a few registered, but several arrived on the day of the race.
13. I think somebody should clean up the marbles and game pieces.
14. Walter and Mason are here with a mower; either can mow the yard.
15. Anybody who gets home before me can put dinner in the oven.
16. Fruits and vegetables are delicious; each is good for a healthy, growing body.
17. Jessie liked the sweaters and wanted to buy both.
18. Some have blue tags, and others have red tags.

ACONDICIONAMIENTO FÍSICO: Haz 10 encogimientos de hombros.

* Ve la página ii.

DÍA 18

Lengua y literatura/Ciencia

Lee cada par de palabras. Escribe *P* junto a la palabra que tenga una *connotación positiva* (positive connotation). Escribe *N* junto a la palabra que tenga una *connotación negativa* (negative connotation). A continuación, busca cada palabra en un diccionario y escribe su *denotación* (denotation).

19. _____ thrifty _____
    _____ cheap _____
20. _____ picky _____
    _____ selective _____
21. _____ pushy _____
    _____ assertive _____
22. _____ haughty _____
    _____ proud _____

¿En qué se parecen las células animales y las células de las plantas? ¿En qué son diferentes? Para cada una de las siguientes características escribe en la línea *planta*, *animal* o *ambas*.

23. _____ Estas células tienen membranas.
24. _____ Estas células utilizan cloroplastos para la fotosíntesis.
25. _____ Estas células utilizan la mitosis para dividirse en dos células hijas.
26. _____ Cada una de estas células tiene una o más vacuolas grandes.
27. _____ En lugar de unas pocas vacuolas grandes, estas células tienen varias vacuolas pequeñas.
28. _____ Estas células tienen paredes celulares que suelen dar a las células una forma rectangular.
29. _____ Cada una de estas células tiene un núcleo que controla todas las funciones de la célula.
30. _____ Estas células tienen formas irregulares.
31. _____ Las mitocondrias ayudan a crear energía para estas células.

DATO: Un elefante adulto puede comer 550 lbs (249.5 kg) de vegetación al día.

Álgebra/Partes de la oración

DÍA 19

Resuelve cada ecuación para encontrar el valor de la variable.

1. $y + 8 = 11$
2. $x + 8 = 24$
3. $v + 3 = 13$

4. $m - 12 = 5$
5. $q - 15 = 100$
6. $r - 19 = 37$

7. $w \times 4 = 32$
8. $z \div 12 = 3$
9. $a \div 6 = 7$

10. $11 \times y = 88$
11. $g \div 5 = 12$
12. $c \times 15 = 75$

Un *pronombre reflexivo* (reflexive pronoun) indica que una persona o cosa inicia y recibe la acción en una oración. Subraya el pronombre reflexivo en cada oración.

13. The woman in Leonardo da Vinci's famous painting, the *Mona Lisa*, seems to be smiling to herself.
14. For centuries, people have asked themselves why this is so.
15. I have wondered myself about her mysterious smile.
16. Leonardo da Vinci kept that secret to himself.
17. If you want to see the *Mona Lisa* for yourself, go to the Louvre Museum in Paris, France.

Completa cada oración con el pronombre reflexivo correcto entre paréntesis.

18. Leonardo developed a new painting technique by _____. (itself, himself)
19. The wall _____ was Leonardo's canvas. (himself, itself)
20. I have tried the technique _____ and found it challenging. (myself, ourselves)

DÍA 19

Comprensión lectora

Lee el pasaje. A continuación, responde las preguntas.

The Great Barrier Reef

The Great Barrier Reef is considered by many people to be one of the seven natural wonders of the world. The reef stretches for more than 1,200 miles (1,931 km) off the coast of northeast Australia. It is the largest coral structure in the world, the largest structure ever constructed by living organisms, and the only living thing on Earth that is visible from outer space.

The Great Barrier Reef consists mostly of coral, a rocklike substance made by tiny animals. These tiny animals, called *polyps*, are too numerous to count. The polyps are born in a continuous cycle of reproducing, eating, and dying. New coral is slowly added to the reef through this process.

The fragile reef is continually changing its shape and color. These changes are caused by many factors, including the polyps' constant activities. People visiting the reef and changes in the environment can damage the reef through pollution or carelessness. Harmful animals, such as the crown of thorns starfish, can also destroy the reef, especially when environmental changes contribute to their **overpopulation**.

21. The tiny animals that make the Great Barrier Reef are called _____.

22. Where is the Great Barrier Reef located? _____

23. Circle the letter next to each statement that is true.
    A. The Great Barrier Reef has not changed for centuries.
    B. The Great Barrier Reef stretches for more than 1,200 miles (1,931 km).
    C. The Great Barrier Reef can be seen from outer space.
    D. The Great Barrier Reef is the second largest coral structure in the world.

24. What does the word *overpopulation* mean? _____

25. Write three factors that cause the reef to change. _____

26. How do you think the author feels abut the Great Barrier Reef? Explain.

_____

© Carson Dellosa Education

Análisis de datos/Partes de la oración

DÍA 20

Describe cada conjunto de datos.

1. Puntuaciones en un examen de matemáticas: 77, 79, 85, 88, 88, 92, 94, 98, 99

   Valor más bajo: _____   Valor más alto: _____

   Dispersión: _____   Valor central: _____

2. Visitantes de un museo durante el horario de funcionamiento: 35, 42, 65, 59, 84, 62, 46, 52, 24

   Valor más bajo: _____   Valor más alto: _____

   Dispersión: _____   Valor central: _____

3. Peso de los gatos en libras: 9, 11, 11, 12, 14, 14, 15, 15, 16, 17, 18, 18, 20, 22

   Valor más bajo: _____   Valor más alto: _____

   Dispersión: _____   Valor central: _____

Traza una línea a través de cada *pronombre* (pronoun) utilizado incorrectamente. Escribe encima el pronombre correcto.

Art Club Memo

Dear Craft Club Members,

Whomever forgot to return the scissors should bring it back to the art room. A few pairs were missing from the room after our meeting. In the future, someone will be allowed to remove supplies from the room. The school trusts us, and we have a responsibility to leave the workspace as we found them. I am sure that these was a mistake. That is why I am asking each member to check he backpack. Call me if you find they. Thank you for you help!

Sincerely,

Liz

DÍA 20

Lee cada oración. Traza una línea sobre cada *modificador* (modifier) que deba ser eliminado. Si se necesita un nuevo modificador, escríbelo en la línea.

4. We don't hardly have time to watch television. _____
5. Your answer doesn't make no difference to her. _____
6. My sisters work even more harder than I do. _____
7. Kobe does good in all of his subjects at school. _____
8. Benny is tallest than me. _____
9. There are so many choices that I don't know which one I like more. _____
10. I couldn't hardly believe that my parents let me get a dog. _____
11. This cake is gooder than the pie that you bought. _____
12. He is one of the most funniest people I know. _____
13. This painting is more prettier than that one. _____

Cuando vas a una feria o un parque de atracciones, ¿qué prefieres? ¿montar en las atracciones, jugar, comer o ver a la gente? ¿Por qué es esa tu actividad favorita? Usa una hoja aparte si necesitas más espacio.

_____
_____
_____
_____
_____
_____
_____

PRUEBA DE CARÁCTER: A lo largo del día observa a personas que animen a otras. Al final del día, habla con un miembro de tu familia sobre el hecho de animar a otras personas.

Experimento científico

EXTRA

El corazón del asunto

¿Cómo afecta el ejercicio a tu ritmo cardíaco?

Cada vez que los ventrículos del corazón se contraen, la sangre entra a las arterias. Cada latido del corazón hace que tus arterias se estiren, lo que provoca la sensación de pulsación que sientes. Cuando la sangre sale del corazón, se mueve muy rápidamente para poder llegar a las partes del cuerpo que están más alejadas.

Qué necesitas:
- Un reloj con segundero.

Procedimiento:

Siéntate en el suelo o en una silla y relájate durante un minuto. Utiliza los dedos índice y medio para localizar tu pulso en la muñeca o en el cuello. Cuenta el número de veces que sientas los latidos de tu corazón durante 15 segundos. Multiplica este número por cuatro. Esta será tu frecuencia de pulso en reposo durante un minuto. Anota este número en la tabla siguiente.

Trota en un mismo sitio durante un minuto. A continuación, deja de correr y utiliza los dedos índice y medio para localizar tu pulso en la muñeca o en el cuello. Cuenta el número de veces que sientes los latidos de tu corazón durante 15 segundos. Multiplica este número por cuatro. Anota el número en la columna «Frecuencia cardíaca activa». Repite estos pasos dos veces más. A continuación, calcula tu frecuencia cardíaca media en reposo y activa sumando las tres pruebas y dividiendo por tres. Por último, responde la siguiente pregunta.

Resultados:

Prueba	Frecuencia cardíaca en reposo	Frecuencia cardíaca
1		
2		
3		
Promedio:		

¿Cómo afectó el ejercicio tu frecuencia cardíaca? _____

_____

* Ve la página ii.

Experimento científico

EXTRA

Primera ley de Newton

¿Un objeto en reposo permanecerá en reposo y un objeto en movimiento permanecerá en movimiento a menos de que otra fuerza actúe sobre él? En esta actividad comprobarás la primera ley de Newton.

Qué necesitas:
- vaso plástico
- moneda
- tarjeta (como las que están al final de este libro)

Procedimiento:

Cubre la parte superior del vaso con la tarjeta. Coloca la moneda encima de la tarjeta. Piensa en cómo puedes meter la moneda dentro del vaso sin tocarla ni levantar o inclinar la tarjeta.

Pon a prueba tus ideas y comprueba si puedes introducir la moneda en el vaso. Una vez que hayas introducido la moneda en el vaso, responde cada una de las siguientes preguntas.

1. ¿Cómo metiste la moneda en la taza? _____
   _____
   _____

2. ¿Qué le ocurre a la moneda si alejas la tarjeta lentamente?
   _____
   _____

3. ¿Por qué cae la moneda en el vaso?
   _____
   _____
   _____

4. ¿Se te ocurre algún lugar en el que hayas visto que ocurra algo similar?
   _____
   _____
   _____
   _____

Actividad de estudios sociales

EXTRA

Latitud y longitud

Escribe el nombre de la ciudad norteamericana que se encuentra en cada lectura de latitud y longitud.

1. 61°13'N, 149°54'O _____
2. 33°45'N, 84°23'O _____
3. 41°50'N, 87°37'O _____
4. 39°45'N, 105°O _____
5. 47°37'N, 122°20'O _____
6. 33°29'N, 112°4'O _____
7. 32°42'N, 117°10'O _____
8. 40°47'N, 73°58'O _____
9. 45°24'N, 75°43'O _____
10. 49°13'N, 123°06'O _____

Dioses y diosas griegas

Los antiguos griegos creían en muchos dioses. Los dioses eran míticos e irreales, pero desempeñaban un papel importante en la vida de los hombres, las mujeres y los niños griegos. Los cientos de dioses tenían diferentes poderes o habilidades. Utilizando las siguientes pistas, completa el crucigrama con los nombres de 13 dioses y diosas.

Horizontal

3. Diosa de la sabiduría
4. Dios del trueno
5. Diosa del matrimonio
7. Diosa de la agricultura
9. Dios de la guerra
11. Dios del mar
12. Dios del sueño

Vertical

1. Dios de la muerte
2. Dios del comercio
3. Diosa del amor
6. Dios de la luz y la música
8. Diosa de la tierra
10. Dios del tiempo

Actividades de estudios sociales

EXTRA

Lugares emblemáticos del mundo

Escribe el número correcto para identificar cada lugar emblemático. Luego, completa la tabla escribiendo el país donde se encuentra cada lugar emblemático. Usa recursos de referencia si necesitas ayuda.

Número	Lugar emblemático	País
1	Gran Muralla China	
2	Estatua de la Libertad	
3	Gran Esfinge	
4	Taj Mahal	
5	Coliseo Romano	
6	Stonehenge	
7	Torre Eiffel	
8	Chichén Itzá	

Actividades de extensión al aire libre

EXTRA

¡Vamos afuera!

El verano es una buena época para explorar tu comunidad. Haz una lista de cinco lugares emblemáticos de tu pueblo, ciudad o condado e identifícalos en un mapa. A continuación, invita a tus familiares y amigos a que te acompañen en un recorrido por los lugares emblemáticos de tu comunidad. Lleva una cámara, un bolígrafo y un cuaderno. En cada lugar, toma una foto de grupo y pide a cada persona que haga un comentario. Después de la visita, crea un collage de fotos en el que aparezcan tus amigos y familiares en los lugares emblemáticos junto con sus comentarios.

Visita un mercado agrícola local en compañía de un adulto. Lleva un bolígrafo y un cuaderno y anota los artículos que observes a la venta. Habla con los vendedores sobre lo que venden y los beneficios de comprar productos frescos. Cuando vuelvas a casa, revisa tus notas y utilízalas para crear un anuncio de 30 segundos para el mercado de agricultores. Graba tu anuncio y compártelo con tu familia, amigos y vecinos.

Con un adulto, da un paseo por tu barrio. Lleva un bolígrafo y un cuaderno. Anota los diferentes tipos de animales que veas, utilizando marcas para indicar que has visto al mismo animal varias veces. Después del paseo, revisa tus notas. A continuación, muestra los resultados de tu paseo de observación de animales creando un gráfico de barras. ¿Qué animal apareció más frecuentemente en tu barrio?

Visita una biblioteca o navega en Internet para encontrar más información sobre este animal. ¿Qué tipo de hábitos tiene? ¿Es nocturno o diurno? ¿Qué come? ¿Qué tipo de depredadores tiene? Cuando hayas terminado tu investigación, escribe varios párrafos informativos sobre el animal que elegiste. Comparte tu escrito mediante una carta o un correo electrónico con un amigo que viva en otra ciudad o estado.

SECCIÓN II

Objetivos mensuales

Piensa en tres objetivos que puedas fijarte este mes. Por ejemplo, podrías leer 30 minutos cada día. Escribe tus objetivos en las líneas que aparecen a continuación. Colócalos en algún lugar donde los puedas ver diario.

Dibuja una palomita junto a cada objetivo que cumplas. Siéntete orgulloso de haber cumplido tus objetivos y sigue estableciendo nuevas metas para desafiarte a ti mismo.

1. _____
2. _____
3. _____

Lista de palabras

En esta sección se utilizan las siguientes palabras. Utiliza un diccionario para buscar cada palabra que no conozcas. A continuación, escribe tres oraciones en inglés. Utiliza al menos una palabra de la lista de palabras en cada oración.

architecture (arquitectura)

biome (bioma)

constellation (constelación)

hieroglyphics (jeroglíficos)

incessant (incesante)

integrity (integridad)

molecules (moléculas)

pesticides (pesticidas)

prospectors (prospectores)

Renaissance (Renacimiento)

1. _____
   _____
2. _____
   _____
3. _____
   _____

SECCIÓN II

Introducción a la fuerza

Esta sección incluye actividades de acondicionamiento físico y desarrollo del carácter enfocadas en la fortaleza. Estas actividades están diseñadas para mantenerte en movimiento y para hacerte pensar en fortalecer tu cuerpo y tu carácter. Si tienes una movilidad limitada, no dudes en modificar los ejercicios sugeridos para adaptarlos a tus capacidades individuales.

Fuerza física

Al igual que la flexibilidad, la fuerza es importante para tener un cuerpo saludable. Mucha gente piensa que una persona fuerte es quien puede levantar una enorme cantidad de peso. Sin embargo, la fuerza no es solo levantar pesas. Tener fuerza es importante para muchas actividades cotidianas, como ayudar en las tareas del jardín o ayudar a tu hermano menor a subir al auto. La fuerza muscular también ayuda a reducir la tensión en las articulaciones a medida que el cuerpo envejece.

Las actividades cotidianas y muchos ejercicios divertidos te ofrecen la oportunidad de desarrollar tu fuerza. Cargar las bolsas de las compras, andar en bicicleta y nadar son excelentes formas de fortalecer los músculos. Los ejercicios clásicos, como las flexiones de brazos y las dominadas, también son fantásticas para desarrollar la fuerza.

Basándote en las actividades que te gustan, establece objetivos realistas y alcanzables para mejorar tu fuerza. Evalúa tu progreso durante los meses de verano y establece nuevos objetivos de fortaleza a medida que vayas cumpliendo las metas anteriores.

Fortaleza de carácter

Al mismo tiempo que desarrollas tu fuerza física, trabaja también tu fortaleza interior. Tener un carácter fuerte significa defender tus creencias, incluso si los demás no están de acuerdo con tu punto de vista. La fortaleza interior puede demostrarse de muchas maneras. Por ejemplo, puedes mostrar tu fortaleza interior siendo honesto, defendiendo a alguien que necesita tu ayuda y haciendo tu mejor esfuerzo en cada tarea. La fortaleza interior no siempre es fácil de demostrar. Piensa en alguna ocasión en la que hayas demostrado tu fortaleza interior, como por ejemplo, diciendo la verdad cuando rompiste el jarrón favorito de tu madre. ¿Cómo utilizaste tu fortaleza interior para manejar esa situación?

Aprovecha los meses de verano para desarrollar un fuerte sentido de identidad, tanto física como emocionalmente. Celebra tus éxitos y busca formas de hacerte aún más fuerte. Reflexiona sobre tus logros durante el verano y verás un crecimiento positivo por dentro y por fuera.

Medidas/Puntuación

DÍA 1

Encuentra el volumen (V) de cada prisma rectangular. Da las respuestas de la forma más sencilla.

1.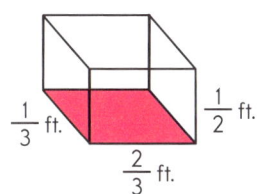

   V = _____

2.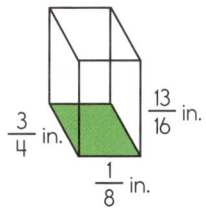

   V = _____

3.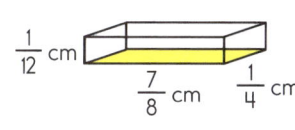

   V = _____

4.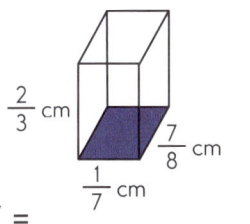

   V = _____

5.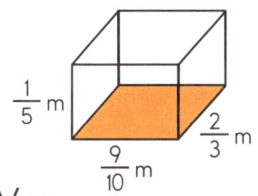

   V = _____

6.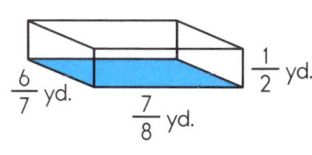

   V = _____

Los *elementos no restrictivos* (nonrestrictive elements) aparecen entre comas, paréntesis o guiones y sirven para añadir información adicional a una oración. Reescribe cada oración incluyendo el elemento no restrictivo.

7. Miller's Farm Stand has the best watermelons this time of year. (the one off of Route 82)

   _____

8. We watched the ball soar and land on Mr. Wilson's deck. —right over the fence—

   _____

9. My friend Emily taught me the funniest joke. , the girl I met at camp,

   _____

10. After hiking all day, I fell asleep as soon as my head hit the pillow. —almost halfway up a mountain—

    _____

11. Romana's has a special today on my favorite pizza. (mushroom, pepper, and bacon)

    _____

12. *Escape From Space* was my favorite movie of the summer. (starring Ethan Myers)

    _____

DÍA 1

Lengua y literatura/Fracciones y porcentajes

Un *símil* (simile) es una comparación entre dos cosas que utiliza las palabras *like* o *as*. Lee cada oración. Subraya el símil y dibuja una flecha que apunte hacia qué o quién está describiendo. A continuación, escribe en inglés lo que significa cada símil.

13. Mom did not feel well last week, but now she is as fit as a fiddle.
    _____

14. The detective had to be as smart as a fox to solve the mystery.
    _____

15. Her smile is like sunshine on a cloudy day.
    _____

16. His footsteps sounded like thunder on the wooden floor.
    _____

Escribe cada fracción como un porcentaje. Escribe cada porcentaje como una fracción en los términos más bajos.

17. $\frac{3}{5} =$ 18. $\frac{9}{10} =$ 19. $\frac{13}{100} =$ 20. $\frac{89}{100} =$

21. 4% =   22. 16% =   23. 25% =   24. 34% =

DATO: Los avestruces pueden correr hasta 40 millas (64.4 km) por hora.

Análisis de datos/Partes de la oración

DÍA 2

Encuentra el *promedio* (mean), la *mediana* (median), la *moda* (mode) y el *rango* (range) de cada conjunto de datos.

1. 34, 41, 33, 41, 31

    promedio: _____   mediana: _____

    moda: _____   rango: _____

2. 18, 10, 10, 8, 35, 10, 21

    promedio: _____   mediana: _____

    moda: _____   rango: _____

3. 7, 14, 10, 14, 29, 16, 15

    promedio: _____   mediana: _____

    moda: _____   rango: _____

4. 41, 18, 24, 41, 72, 82, 16

    promedio: _____   mediana: _____

    moda: _____   rango: _____

Subraya la *oración verbal* (verb phrase) completa en cada *oración* (sentence). Encierra en un círculo cada *verbo auxiliar* (helping verb).

5. The water is pouring into the basement.
6. The rabbit had scurried into the hole.
7. We are going to the amusement park.
8. The lights can be dimmed with this switch.
9. Max was taking his turn.
10. The puppy must have tried to jump onto the bed.
11. That jam would be good on toast.
12. The bird had flown into the bushes.
13. We should pull the weeds out of the garden.
14. Asya may have been going to the zoo.

Comprensión lectora

DÍA 2

Lee el pasaje. A continuación, responde las preguntas.

The Renaissance

Renaissance is a French word that means *rebirth*. Between AD 1350 and AD 1600, Europeans experienced a rebirth in the arts, literature, and science. In the Middle Ages, people forgot many of the ancient Greeks' and Romans' achievements because their daily lives were so hard. During the Renaissance, people began to reread ancient texts and create new art, literature, and architecture. One Renaissance author was William Shakespeare. His plays are still performed today. Many important Renaissance artists lived in Italy, including Michelangelo, Raphael, and Titian. The most famous figure of this period might be Leonardo da Vinci, who excelled in the areas of art, architecture, and science. Da Vinci's sketchbooks contain drawings of helicopters and airplanes, hundreds of years before they were even invented. When someone is referred to as a "Renaissance man" or a "Renaissance woman," it means that the person is good at many different things, like Leonardo da Vinci.

15. What is the main idea of this passage?
    A. During the Renaissance, people created new art forms.
    B. Many people learned to paint during the Renaissance.
    C. The Renaissance was an important time for science, literature, and the arts.

16. How long did the Renaissance last? _____

17. What happened during the Renaissance? _____
    _____

18. How can you tell that Shakespeare was a great writer? _____
    _____

19. In which areas did Leonardo da Vinci excel? _____
    _____

20. What sort of connotation does the term *Renaissance man* or *Renaissance woman* have?
    _____

ACONDICIONAMIENTO FÍSICO:
Haz cinco flexiones.

* Ve la página ii.

Fracciones/Estructuras y tipos de oraciones

DÍA 3

Resuelve cada problema. Escribe cada fracción impropia como un número mixto simplificado.

1. $\dfrac{7}{2} \div \dfrac{1}{2} =$
2. $\dfrac{4}{3} \div \dfrac{2}{3} =$
3. $\dfrac{6}{4} \div \dfrac{3}{4} =$

4. $\dfrac{9}{2} \div \dfrac{1}{3} =$
5. $\dfrac{8}{3} \div \dfrac{2}{5} =$
6. $\dfrac{15}{4} \div \dfrac{3}{7} =$

7. $\dfrac{5}{6} \div \dfrac{5}{6} =$
8. $\dfrac{3}{8} \div \dfrac{3}{4} =$
9. $\dfrac{3}{4} \div \dfrac{5}{2} =$

El sujeto de una oración en *voz pasiva* (passive-voice) es el objeto sobre el que se actúa. El sujeto de una oración en *voz activa* (active-voice) realiza la acción. Vuelve a escribir cada oración en voz activa.

10. Experiments have been conducted by students to test the hypothesis.
    _____

11. The exam was passed by more than two-thirds of the applicants.
    _____

12. The song is sung by the choir at every graduation.
    _____

13. The vegetarian pizza was enjoyed by all of my friends.
    _____

14. The nail was hammered into the wall by Cameron.
    _____

DÍA 3

Lengua y literatura/Porcentajes

Una *metáfora* (metaphor) es una comparación entre dos cosas que no utiliza las palabras *like* o *as*. Lee cada oración. Subraya las dos cosas que se comparan. Luego, escribe lo que significa cada metáfora.

15. That test was a piece of cake.
    _____

16. Winning the award was a dream come true.
    _____

17. Our backyard was a blanket of snow.
    _____

18. My pillow was a cloud after the long day.
    _____

19. The lake was a mirror surrounded by tall, old trees.
    _____

Encuentra el porcentaje de cada número.

20. 3% of 10 = 21. 4% of 30 = 22. 16% of 80 =

23. 18% of 36 = 24. 6% of 80 = 25. 9% of 90 =

26. 8% of 68 = 27. 9% of 75 = 28. 62% of 62 =

29. 4% of 400 = 30. 3% of 200 = 31. 37% of 51 =

DATO: Un elefante marino puede sumergirse 5 000 pies (1.52 km) bajo el agua en busca de alimento.

Porcentajes/Partes de la oración

DÍA 4

Completa la tabla.

	Precio normal	Tasa de descuento	Descuento	Precio de venta
1.	$58	40%		
2.	$128	30%		
3.	$16	15%		
4.	$760	60%		
5.	$19	55%		
6.	$100	45%		
7.	$2,500	25%		

Traza una línea sobre cada verbo incorrecto. Luego, escribe el verbo correcto encima de cada verbo tachado.

Game Day

Once a month, our school hold a game day in the gymnasium. We participate in races and other games. Fernando and Melvin always races on the same team. They enjoys running. Target toss is a favorite event. Each player toss the ball at a target painted on the wall. Laura and Jordana usually win because they practices after school. José and Luke like basketball. Kyle and Spencer usually scores more points, but José and Luke is improving all of the time. At the end of the day, two teams play a game of volleyball.

DÍA 4

Lengua y literatura/Acondicionamiento físico

Lee cada analogía. Elige la etiqueta del recuadro que describa la relación entre los pares de palabras y anótala en la línea.

8. mast : sailboat :: transmission : car
   _____

9. joke : laughter :: tragedy : sadness
   _____

10. lemonade : beverage :: willow : tree
    _____

11. democracy : government :: hockey : sport
    _____

12. digestive system : body :: troposphere : atmosphere
    _____

13. nap : refreshed :: eat : nourished
    _____

> cause/effect
> part/whole
> item/category

Flexiones de pared

Los músculos y los huesos fuertes son importantes para el estado físico y la salud en general. Este ejercicio te ayudará a fortalecer tus brazos, hombros y espalda. Necesitarás de tres a cuatro pies (0.9 a 1.2 m) de espacio vacío en la pared y unos minutos de cada día, y pronto obtendrás los beneficios de un cuerpo más fuerte.

Este ejercicio es como hacer una flexión de brazos, solo que contra la pared en vez del suelo. Para empezar, ponte de pie y mira hacia la pared. Coloca las manos separadas a la altura de los hombros contra la pared con los dedos apuntando hacia arriba. Debes estar lo suficientemente lejos de la pared como para que los codos estén ligeramente doblados.

Al inhalar, dobla los codos y acerca la cara a la pared. Exhala y empuja contra la pared enderezando los brazos hasta volver a la posición inicial. Recuerda que debes mantener el cuerpo recto. Mantén los talones tan cerca del piso como puedas. Haz dos series de 8-10 repeticiones. Para un desafío mayor, intenta separar más las manos o rotar las palmas para que tus dedos queden ligeramente hacia adentro o hacia afuera.

* Ve la página ii.

Fracciones/Partes de la oración

DÍA 5

Resuelve cada problema. Escribe cada fracción impropia como un número mixto simplificado.

1. $11\frac{1}{2} \div 2\frac{7}{8} =$
2. $3\frac{1}{2} \div 2 =$
3. $4\frac{1}{4} \div 3\frac{1}{8} =$

4. $3\frac{3}{4} \div 5 =$
5. $3\frac{1}{2} \div 1\frac{3}{4} =$
6. $6\frac{1}{3} \div 2 =$

7. $8 \div 1\frac{1}{5} =$
8. $12\frac{3}{8} \div 2\frac{3}{4} =$
9. $5\frac{3}{5} \div 4\frac{2}{3} =$

Un *objeto directo* (direct object) es el sustantivo o pronombre que recibe la acción de un verbo y responde a las preguntas *who* o *what*. Subraya el verbo en cada oración. Encierra cada objeto directo en un círculo.

10. The courtyard fountain continuously gushed water.
11. Leona frequently chews gum.
12. The anxious horse kicked the stall door.
13. Erica handed Jacob her paper.
14. Rochelle stowed the luggage in the overhead bin.
15. Danielle offered her carrots to Jesse.
16. Rosa canceled her subscription to the magazine.
17. Yolanda crochets one blanket each month.
18. Debbie made vegetable soup for dinner.
19. Enrique toasted a marshmallow over the campfire.

DÍA 5

Comprensión lectora

Lee el pasaje. A continuación, responde las preguntas.

Rachel Carson

After World War II, farmers began using pesticides, such as DDT, to protect their crops. Near the farmlands where the pesticides were used, birds and animals were dying. Scientist Rachel Carson felt that she had to do something. She wrote a book in 1962 titled *Silent Spring* that described forests that were quiet and land that was dying.

Carson loved the outdoors, and she studied wildlife and marine biology in school. She worked as a scientist for the government and also wrote about natural history. Soon, she was in charge of all of the writing done by the U.S. Fish and Wildlife Service.

In 1941, Carson published her first book, *Under the Sea-Wind*. She published her second book, *The Sea Around Us*, in 1951. In 1955, she published a third book, *The Edge of the Sea*. Carson described life on the seashore and the animals and plants that lived in the oceans. Her books became national best sellers.

Then, Carson learned that she was seriously ill with cancer. At the same time, she began reading reports about DDT. Carson feared that she did not have a lot of time left to help. She wanted to keep writing about the sea, but she felt that it was more important to keep **toxic** chemicals away from crops and animals.

Silent Spring's publication caused a storm of argument about chemicals. The chemical companies said that the book was inaccurate, but Carson was certain that DDT was toxic. She spoke before the U.S. Congress, asking for new laws to protect the environment. President John F. Kennedy formed a committee to study the issue, and the committee confirmed the results of Carson's research. Congress passed laws about the use of DDT and the testing of other chemicals.

Carson died two years later. But, her work is still remembered, and efforts to protect the living world from chemicals and other dangers continue.

20. What does the word *toxic* mean? _____

21. What made Rachel Carson stop writing about the sea? _____

_____

_____

22. What did Carson study in school? _____

PRUEBA DE CARÁCTER: Haz una lista de al menos tres formas de mostrar paciencia en casa. Comparte la lista con un miembro de tu familia.

Análisis de datos/Partes de la oración

DÍA 6

En lugar de interpretar los datos, crea otros que correspondan a las condiciones descritas en cada situación. Muestra tu trabajo para demostrar que elegiste datos válidos.

1. Crea un conjunto de datos que contenga 11 pruebas de puntuación y que cumpla con cada una de las siguientes condiciones:

   Promedio: 83

   Mediana: 81

   Moda: 80

   Rango: 26

2. Crea un conjunto de datos que muestre las temperaturas máximas durante 10 días y que cumpla con cada una de las siguientes condiciones:

   Promedio: 72°

   Mediana: 74°

   Moda: 68°

   Rango: 21°

El *objeto indirecto* (indirect object) precede al objeto directo en una oración y dice *a quién* (to whom) o *para quién* (for whom) se realiza la acción del verbo. Subraya el verbo en cada oración. Encierra cada objeto indirecto en un círculo.

3. José gave his puppy a bath.
4. Peter wished his grandmother a happy birthday.
5. Walter sold Yow the tire swing.
6. The waiter handed Kent his dinner plate.
7. Quinn offered Tommy her pencil.
8. Aunt May knitted June a yellow scarf.
9. Mr. Slider gave the chair a coat of varnish.
10. The students wrote their state representative a letter.
11. Our new neighbor brought our family some fresh vegetables.

DÍA 6

Lengua y literatura/Escritura

Utiliza las pistas para descifrar cada *expresión idiomática* (idiomatic expression). Escribe en la línea y en inglés la expresión idiomática.

12. There can be many ways of doing something.
    lead roads Rome all to
    _____

13. forced to decide between unpleasant choices
    and between hard rock a place a
    _____

14. unable to think of a word that you know
    of the tongue on tip your
    _____

15. to hear something and then immediately forget it
    the in out ear one other and
    _____

16. to accept more responsibility than you can handle
    chew more bite than can you off
    _____

Elige un personaje de un libro que hayas leído o de una película que hayas visto. Explica por qué querrías ser amigo de ese personaje. Utiliza una hoja aparte si necesitas más espacio.

_____
_____
_____
_____
_____
_____

DATO: La edad de un león se puede calcular por el color de su hocico.

Decimales/Porcentajes

DÍA 7

Resuelve cada problema.

1. 2.8 × 34
2. 6.2 × 13
3. 3.7 × 65
4. 0.17 × 14

5. 0.52 × 26
6. 0.208 × 21
7. 302.6 × 83
8. 3.208 × 91

9. 0.43 × 18
10. 0.618 × 36
11. 214.4 × 17
12. 4.197 × 43

Escribe cada decimal en forma de porcentaje.

13. 0.37 =
14. 0.69 =
15. 0.40 =
16. 0.21 =

17. 0.999 =
18. 0.499 =
19. 1.75 =
20. 2.25 =

Escribe cada porcentaje en forma de decimal.

21. 24% =
22. 65% =
23. 88% =
24. 3% =

25. 17% =
26. 9% =
27. 10% =
28. 86% =

DÍA 7

La *personificación* (personification) es un recurso literario en el que un autor otorga características o emociones humanas, como el amor, a algo que no es humano, como la Luna. Lee cada oración y explica qué se está personificando.

29. Fortune smiled on us that bright summer morning. _____
_____

30. The clock in the tower sang the time to the townspeople. _____
_____

31. The wind whistled cheerfully through the iron gates. _____
_____

32. The daisies beside the road waved happily as I walked past them. _____
_____

33. The Marino family will go to the zoo if the weather permits. _____
_____

Encuentra el área (A) de cada figura.

34.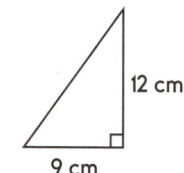

A = _____ cm^2

35.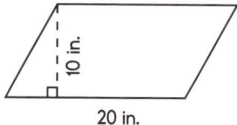

A = _____ in.^{2}

36.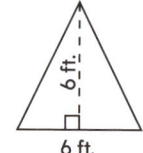

A = _____ ft.^{2}

37.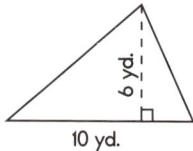

A = _____ yd.^{2}

38.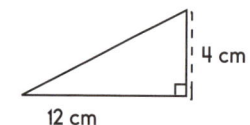

A = _____ cm^2

39.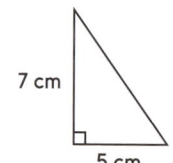

A = _____ cm^2

ACONDICIONAMIENTO FÍSICO: Haz 10 abdominales.

* Ve la página ii.

Resolución de problemas/Puntuación

DÍA 8

Resuelve cada problema.

1. Una carreta cubierta en el Camino de Oregón podía viajar unas 2.5 millas por hora en terreno llano. ¿Cuántas millas podría recorrer en 9 horas?

2. En 1860, la tela de guinga se vendía a 0.25 dólares por yarda. La señora Olsen compró 16.4 yardas para hacer ropa para toda su familia. ¿Cuánto dinero gastó en tela?

3. En 1863, en Fort Laramie, Wyoming, los viajeros podían comprar carne seca en el puesto comercial por 0.35 dólares la libra. ¿Cuánto costaba una caja de 16 libras de carne seca?

4. Cada vagón de la caravana de la Compañía de Viajeros de Parley medía unos 3.65 metros de largo. Si 12 vagones viajaran en fila, ¿cuál sería la longitud de la caravana?

Escribe rayas (—) en el siguiente párrafo donde sea necesario.

Woeful Woofer

Woofer that silly dog is home again. I called actually, whistled for Woofer to come to dinner. Usually, he runs into the kitchen, but the house was quiet. I didn't know where he could be. I was searching for Woofer when Carol my older sister came home from school. When I told her that Woofer was missing, she helped me look in every room even under the beds. We couldn't find Woofer. Carol asked Mrs. Linden the retired teacher next door if she had seen him. Then, Nicholas Carol's friend walked up the street with Woofer trotting behind him.

DÍA 8

Lee el pasaje. Después, responde a las preguntas.

First, the Lightning

Lightning is a powerful force of nature. The air around a single bolt of lightning is hotter than the surface of the sun. Although its formation is similar to a spark of static electricity, a lightning strike releases a tremendous amount of energy.

During a storm, small particles in clouds collect either positive or negative charges of energy. The lighter, positively charged particles rise to the top of the clouds. The heavier, negatively charged particles fall to the bottom of the clouds. This separation creates a path through the air for the flow of electricity. Once the attraction between the two groups becomes too strong, the particles release their stored energy. This electrical discharge is lightning.

The thunder that follows lightning is the sound made by the air as the lightning heats it. Lightning can instantly heat air molecules to more than 50,000°F (27,760°C). These heated molecules then expand and collide. This explosion of air is the source of the sound waves that we call thunder.

Although it seems like lightning and thunder occur at different times, this is only a trick of the senses. Light travels much faster than sound. This difference in speed explains why lightning and thunder reach us at different times. The sound of thunder takes more time than the light from a lightning strike to travel the same distance.

5. What is the sound of thunder? _____

6. Why do we see lightning first and hear thunder later? _____

7. Which of these statements is true?
   A. A lightning strike can be as hot as 1,000,000°F (555,538°C).
   B. Light travels at one-fifth the speed of sound.
   C. Negatively charged particles rise to the top of a cloud.
   D. The air around a single bolt of lightning is hotter than the surface of the sun.

8. What is the main difference between a lightning strike and static electricity?

   _____

> **DATO:** Más de 35 millones de personas viven en Tokio (Japón) y sus alrededores.

Decimales/Análisis de datos

DÍA 9

Resuelve cada problema.

1. 2)45.4
2. 2)4.5
3. 7)34.37
4. 5)0.105

5. 6)120.6
6. 6)12.06
7. 4)2.44
8. 6)2.76

Los estudiantes obtuvieron estos puntos en una prueba: 9, 18, 12, 9, 13, 22, 8, 23, 16, 17, 22, 20, 22, 15, 10, 17, 21, 23, 14, 11. Utiliza los datos para completar el histograma. Después, responde las preguntas.

Puntuaciones de la prueba

9. Encuentra las medidas del centro y la variabilidad de los datos.

    media: _____   rango: _____

    mediana: _____   moda: _____

10. ¿Qué porcentaje de los estudiantes obtuvo una puntuación de 16-20%? _____
11. ¿Qué porcentaje de las puntuaciones oscila entre 21 y 25 puntos? _____

DÍA 9

Lengua y literatura/Desarrollo del carácter

Del banco de palabras elige un término literario y escríbelo en la línea junto con su definición.

> allusion   conflict   dialogue
> foreshadowing   hyperbole   imagery
> irony   point of view   setting

12. _____ the struggle within the story

13. _____ a reference to a real or fictitious person, place, or event

14. _____ spoken conversation between two characters

15. _____ exaggeration for effect

16. _____ using hints or clues to suggest what might happen later in a story

17. _____ the perspective from which a story is told

18. _____ the time and place in which a story occurs

19. _____ the use of words that mean the opposite of what one intends

20. _____ the use of descriptive language to help readers form vivid mental pictures

---

La *integridad* significa tener principios morales sólidos y ser honesto. Lee la siguiente situación. En una hoja aparte, escribe una posible consecuencia de no demostrar integridad. A continuación, escribe un beneficio recibido por mostrar integridad.

Eres el catcher de un equipo de softball en un gran partido. Si ganas, tu equipo quedará en primer lugar. Un jugador del otro equipo corre hacia el home. Te lanzan la pelota. La atrapas, pero no alcanzas al jugador que se desliza hacia el home. El árbitro tiene la vista bloqueada y vacila un momento antes de ponchar al jugador del otro equipo.

ACONDICIONAMIENTO FÍSICO: Haz 10 sentadillas.

* Ve la página ii.

Decimales/Puntuación

DÍA 10

Resuelve cada problema.

1. $0.6\overline{)5.4}$
2. $0.9\overline{)0.18}$
3. $1.4\overline{)13.86}$
4. $0.86\overline{)0.688}$

5. $1.7\overline{)10.54}$
6. $2.4\overline{)16.8}$
7. $0.07\overline{)0.035}$
8. $0.92\overline{)0.736}$

Vuelve a escribir cada oración, colocando los *signos de menos* (en-dashes) y *rayas* (em-dashes) donde sean necesarios.

9. The appointments available are 12:00 P.M. 4:00 P.M.
   _____

10. The assignment for tomorrow is to read pages 24 36 carefully.
    _____

11. The Chicago New York flight lasts less than two hours.
    _____

12. We go to great lengths often far beyond our normal limitations to win!
    _____

13. If I only needed to read chapters 2 4, I would be finished by now.
    _____

> **PRUEBA DE CARÁCTER:** Escribe cinco cosas por las que estés agradecido. Comparte tu lista con un adulto.

DÍA 10

Comprensión lectora/Lengua y literatura

Lee las descripciones sobre el despertar en Frog Pond. A continuación, responde las preguntas.

Camper One
We woke this morning to waves lapping the shore, a breeze rustling the leaves, and frogs croaking. They woke the geese and ducks, who sang good morning to the animals around the pond. Soon, all of the insects, birds, and animals were calling good morning to one another. How could I stay in bed? I needed to greet the morning, too.

Camper Two
We woke this morning to the incessant croaking of frogs. This triggered off-key honking and quacking from around the pond. Waves slapped the shore, and the wind roared through the trees. Soon, the insects, birds, and animals were loudly protesting the hour. With all of this noise, it was hardly worth trying to go back to sleep.

14. How does Camper One feel about waking up at Frog Pond? _____

15. How does Camper Two feel about waking up at Frog Pond? _____

16. Write two facts about what happened at Frog Pond that morning. _____

Encierra en un círculo la letra del significado correcto de cada *afijo* (affix). A continuación, escribe una palabra que contenga el afijo.

17. -ish   A. like   B. before   C. across   _____
18. anti-   A. after   B. more   C. against   _____
19. -hood   A. many   B. condition of   C. between   _____
20. sub-   A. above   B. before   C. below, under   _____
21. inter-   A. between, among   B. not   C. against   _____
22. -ly   A. characteristic of   B. opposite of   C. wrongly   _____
23. -en   A. cause to   B. opposite of   C. made of   _____
24. semi-   A. into   B. partly   C. again   _____

Proporciones/Usos

DÍA 11

Encuentra la *tasa unitaria* (unit rate) en cada problema. Para los dos primeros problemas se proporcionan relaciones equivalentes. Resuelve la variable.

1. Un panadero utiliza $3\frac{1}{4}$ tazas de azúcar en 8 hornadas de galletas. ¿Cuánto azúcar se utiliza en una hornada de galletas? Deja que *a* represente la cantidad de azúcar.

    raciones equivalentes: $\dfrac{3\frac{1}{4}}{8} = \dfrac{a}{1}$ _____ tazas de azúcar en cada hornada.

2. Stephan recorrió $7\frac{2}{5}$ millas en 4 horas. ¿Cuántas millas recorrió por hora? Deja que x represente el número de millas.

    raciones equivalentes: $\dfrac{7\frac{2}{5}}{4} = \dfrac{x}{1}$ _____ millas cada hora

3. Una manguera bombeó $1\frac{1}{8}$ de galones de agua de una piscina en 15 minutos. ¿Cuánta agua bombeó la manguera cada minuto? Deja que *y* represente el número de galones.

    raciones equivalentes: _____ _____ galones por minuto

Un *modificador* (modifier) es una palabra u oración que describe a un sustantivo o pronombre. En las oraciones con un *modificador colgante* (dangling modifier) no está claro qué describe el modificador. Vuelve a escribir cada oración para que quede claro qué describe el modificador.

EJEMPLO: Covered with mud, I saw the puppy running across the yard.
   I saw the puppy, who was covered with mud, running across the yard.

4. While putting on my pajamas, my sister fell asleep.
   _____

5. Laughing at the show on TV, my glass of milk spilled.
   _____

6. While walking to school, a tiny, mewing kitten caught my attention.
   _____

7. After a quick change of clothes, Mom told me to set the table for dinner.
   _____

8. Though only 4 years old, Megan taught her sister to read.
   _____

Comprensión lectora

DÍA 11

Lee el pasaje. A continuación, responde las preguntas

from *Little Men* by Louisa May Alcott

The house seemed swarming with boys, who were beguiling the rainy twilight with all sorts of amusements. There were boys everywhere, "up-stairs and down-stairs and in the lady's chamber," apparently, for various open doors showed pleasant groups of big boys, little boys, and middle-sized boys in all stages of evening relaxation, not to say effervescence. Two large rooms on the right were evidently schoolrooms, for desks, maps, blackboards, and books were scattered about. An open fire burned on the hearth, and several indolent lads lay on their backs before it, discussing a new cricket-ground, with such animation that their boots waved in the air. A tall youth was practising on the flute in one corner, quite undisturbed by the racket all about him. Two or three others were jumping over the desks, pausing, now and then, to get their breath and laugh at the droll sketches of a little wag who was caricaturing the whole household on a blackboard.

In the room on the left a long supper-table was seen, set forth with great pitchers of new milk, piles of brown and white bread, and perfect stacks of the shiny gingerbread so dear to boyish souls. A flavor of toast was in the air, also suggestions of baked apples, very **tantalizing** to one hungry little nose and stomach.

The hall, however, presented the most inviting prospect of all, for a brisk game of tag was going on in the upper entry. One landing was devoted to marbles, the other to checkers, while the stairs were occupied by a boy reading, a girl singing a lullaby to her doll, two puppies, a kitten, and a constant succession of small boys sliding down the banisters, to the great detriment of their clothes and danger to their limbs.

9. From whose point of view do you think this selection is told? Why? _____

10. When do you think this story takes place? Explain. _____

11. How does the author's description of the scene create a vivid setting for the story? _____

12. Use the context of the sentence to define the word *tantalizing*. _____

Análisis de datos/Partes de la oración

DÍA 12

Utilizando la línea numérica de abajo, dibuja un *gráfico de caja y bigotes* (box-and-whisker plot) para los siguientes datos: 12, 18, 18, 20, 22, 22, 25, 26, 30, 30, 32, 32, 35, 35, 38, 40, 42.

1. ¿Cuál es la puntuación mediana? _____
2. ¿Cuál es el cuartil inferior? _____
3. ¿Cuál es el cuartil superior? _____

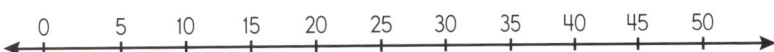

Dibuja una línea encima de cada *adverbio incorrecto* (incorrect adverb). Escribe el *adverbio correcto* (correct adverb) arriba de cada palabra incorrecta.

Motion on the Moon

On August 2, 1971, Commander David R. Scott stood proud on the surface of the moon. As the cameras rolled, the astronaut dramatic dropped a feather and a hammer. On Earth, the hammer would fall much fast. Amazing, the two objects landed on the moon's surface at the same time. Unbelievable, Galileo Galilei had accurate predicted the results of this experiment near 400 years earlier. A legend claims that Galileo bold dropped a cannonball and a musket ball from the Leaning Tower of Pisa in Pisa, Italy, to test his theory, but few modern historians actual believe the tale.

DÍA 12

Lengua y literatura/Escritura

Identifica el escenario de cada situación. Escribe el lugar y encierra en un círculo el tiempo.

4. Heath studies the *Tyrannosaurus rex* display at The Field Museum in Chicago, Illinois, and writes several answers on his field trip questionnaire.

   Where? _____

   When?   in the past   in the present   in the future

5. Jill was exhausted. She woke at sunup to cook breakfast over the campfire and load the wagon. Then, she got in line with the other wagons. Eight hours later, she was still sitting on the buckboard, trying to guide the oxen. She hoped that the place called California was worth the three-month trip.

   Where? _____

   When?   in the past   in the present   in the future

6. Luis sat at his desk. He was bored. He had heard the history lesson about the wars of the 1900s many times. After all, they happened more than 600 years ago.

   Where? _____

   When?   in the past   in the present   in the future

¿Qué talento o habilidad posees? ¿Cómo podrías convertirlo en un oficio o profesión? Utiliza una hoja aparte si necesitas más espacio.

_____
_____
_____
_____
_____
_____
_____

ACONDICIONAMIENTO FÍSICO: Haz cinco flexiones.

* Ve la página ii.

Fracciones y álgebra/Estructuras y tipos de oración

DÍA 13

Resuelve. Escribe las fracciones en su forma más simple.

1. $-12 + 8 =$ _____
2. $25 - (-4) =$ _____
3. $-8 - 3 =$ _____
4. $13 + (-5) =$ _____
5. $-4 + (-9) =$ _____
6. $-15 - 6 =$ _____
7. $\frac{1}{9} + 3\frac{5}{8} =$ _____
8. $1\frac{5}{6} - \frac{3}{4} =$ _____
9. $4\frac{3}{7} + 2\frac{1}{2} =$ _____
10. $1\frac{2}{3} + 3\frac{2}{9} =$ _____
11. $5\frac{7}{12} - 3\frac{3}{5} =$ _____
12. $8\frac{3}{4} - 4\frac{5}{7} =$ _____

Escribe *I* al lado de cada *cláusula independiente* (independent clause). Escribe *D* al lado de cada *cláusula dependiente* (dependent clause).

13. _____ When Sonya arrived at her dance class
14. _____ Nazir was not worried about giving his presentation on Tuesday
15. _____ I hope that Ms. Oh does not need surgery on her ankle
16. _____ Because Laura hates watching scary movies
17. _____ I plan to be a veterinarian or a geologist
18. _____ If you forget your lunch again

Una *oración compleja* (complex sentence) incluye una cláusula independiente y una o más cláusulas dependientes. Subraya una vez cada cláusula independiente y dos veces cada cláusula dependiente.

19. Lena wrapped the gifts and hid them before her mom came home.
20. Boseley raced across the yard, hoping to finally catch the pesky squirrel.
21. Samantha made it to the regional spelling bee because she studied hard for months.
22. On the first Thursday of every month, our book group meets for snacks and a discussion of our latest book.
23. Although we forgot to hang our food from a tree, the bears and raccoons did not raid our campsite overnight.

DÍA 13

Lengua y literatura/Acondicionamiento físico

Puedes ayudar a conservar el medio ambiente a tu alrededor. Lee cómo ayudaron las personas a las plantas y a los animales en la columna de *causa* (cause) del cuadro. En la columna del *efecto* (effect), escribe cómo ayuda cada causa al medio ambiente local.

Cause	Effect
Milkweed grows in a field but will be destroyed this winter when houses are built. Monarch butterflies lay their eggs on milkweed plants, and monarch caterpillars eat the plants. In the fall, Judy gathered some milkweed seeds. She got her parents' permission to plant the seeds in their backyard.	
David and his dad were canoeing in the creek. David saw a bird caught in a net on the shore. He and his dad rescued the bird and took it to a veterinarian. The veterinarian removed the bird from the net and threw the net in the trash.	

Un «paso arriba» para estar en forma

Un «paso arriba» es un ejercicio de fuerza que utiliza el peso de tu cuerpo para fortalecer los isquiotibiales y los cuádriceps, dos grandes grupos musculares de las piernas. Para este ejercicio, necesitarás un taburete grueso y bajo, y unos minutos tres o cuatro veces a la semana.

Colócate frente al taburete. Apoya el pie derecho en el taburete. Empuja con el pie derecho para levantar el cuerpo sobre el taburete. Párate con ambos pies sobre el taburete. A continuación, y guiándote con el pie derecho, baja con cuidado y retoma la posición inicial. Mantén la espalda recta y los músculos abdominales tensos. Cambia de pie y repite el ejercicio. Haz dos series de 8-10 repeticiones con cada pierna.

> **DATO:** Los intestinos de un adulto miden 20 pies (unos 6.1 m) de largo.

*Ve la página ii.

Probabilidad/Partes de la oración

DÍA 14

Utiliza la probabilidad dada para predecir los resultados a largo plazo. Redondea las respuestas al número entero más cercano.

1. La probabilidad de sacar una canica verde de una bolsa de canicas de colores es de 2:5. Si sacaras canicas de colores de la bolsa (de una en una, y guardándolas de nuevo en la bolsa) durante 600 intentos, ¿aproximadamente cuántas veces seleccionarías una canica verde? _____ veces

2. La probabilidad de sacar un 4 en una ruleta es de 0.125. Si giras 150 veces, ¿aproximadamente cuántas veces caería la ruleta en el 4? _____ veces

3. La probabilidad de sacar una reina de corazones de una baraja es de $\frac{1}{52}$ veces. Si sacas una carta cada vez (y la devuelves cada vez) durante 300 intentos, ¿cuántas veces en total podrías esperar sacar una reina de corazones? _____ veces

---

Un *gerundio* (gerund) es un verbo que termina en *-ing* y se utiliza como sustantivo. Subraya el gerundio en cada una de las siguientes oraciones.

4. Skiing and hiking are the after-school activities that Antonio likes best.
5. Saving his money is important to Colin, because he wants to buy a new game.
6. Lizette knows that taking piano and voice lessons requires a large time commitment.
7. Cleaning out the chicken coop is not one of Micah's favorite chores.
8. On Saturday mornings, Alyssa's main priority is cleaning her room.

Un *infinitivo* (infinitive) es una forma verbal en la que *to* va seguido de la forma base del verbo. Subraya la frase en infinitivo en cada una de las siguientes oraciones.

9. Ms. Greenbaum said that all she wants is for us each to achieve our personal best.
10. Katie tried to stop the leak, but it was too late.
11. Zara hopes to impress her parents with the painting in the student art show.
12. To be a good listener is an important and valuable character trait.
13. Uncle Scott asked us to weed the garden before lunch.

DÍA 14

Comprensión lectora

Lee el pasaje. A continuación, responde las preguntas.

The Klondike Gold Rush

The Klondike Gold Rush was named after a river where a large deposit of gold was found in 1896. The Klondike River is located near Dawson City in Canada's Yukon Territory. People who wanted to travel from Alaska to Canada in search of gold had to bring one year's worth of supplies with them because there were no places along the way to get more supplies. They often spent time in Edmonton, Canada, stocking up on food, tools, and clothing for the journey.

The gold rush helped develop new towns in western Canada and the Pacific Northwest of the United States. In addition to thousands of prospectors, or people who searched for gold, the gold rush drew many professionals, such as doctors and teachers, who were needed in the new settlements. Today, the Klondike Gold Rush International Historical Park, which includes sites in both Canada and the United States, helps people remember the dreams of the prospectors and the difficulties they faced.

14. What was the Klondike Gold Rush named after? _____

15. What did people need to bring with them when traveling from Alaska to Canada? _____

16. What did people often do in Edmonton? _____

17. Where did new towns develop during the gold rush? _____

18. Visit the library or go online to find another piece of writing about the Klondike Gold Rush. If possible, search for a firsthand or eyewitness account. How is the information you find similar to and different from the information in this passage? Use a separate sheet of paper for your answer.

ACONDICIONAMIENTO FÍSICO:
Haz 10 estocadas.

* Ve la página ii.

Álgebra/Lengua y literatura

DÍA 15

Suma cada par de expresiones.

1. $3x + 7$ y $x + 4$ _____
2. $y - 5$ y $2y + 6$ _____
3. $5a + 3$ y $-3a + 1$ _____

Resta la segunda expresión a la primera.

4. $5x + 7$ menos $2x + 2$ _____
5. $7y - 2$ menos $y + 4$ _____
6. $b + 8$ menos $-2b + 5$ _____

Factoriza cada expresión.

7. $12y - 3$ _____
8. $4x^2 - 12x$ _____
9. $-9c + 3$ _____

Escribe una oración en inglés para cada una de las siguientes palabras. Las palabras de cada par tienen denotaciones similares, pero connotaciones diferentes.

10. lost _____
    misplaced _____
11. unique _____
    odd _____
12. odor _____
    aroma _____
13. stare _____
    glower _____
14. pushy _____
    confident _____

DÍA 15

Comprensión lectora/Ciencia

Lee el párrafo. A continuación, responde las preguntas.

Stars and Planets

Stars and planets are types of objects in outer space. They are far from Earth and look like bright specks in the night sky. A planet can be solid or made of gas, but a star is a ball of hot gases. Planets absorb light from the sun, while stars produce their own light. Stars are extremely hot, but planets can be any temperature.

15. What two things does this paragraph compare? _____

16. How are the two things similar? How are they different? _____
_____
_____

Del banco de palabras elige la letra de cada *bioma* (biome) y escríbela junto a su descripción. Utilizarás algunos biomas más de una vez.

A. bosque caducifolio	B. desierto	C. pradera
D. taiga	E. bosque tropical	F. tundra

17. _____ Tiene la mayor diversidad de vida animal y vegetal.

18. _____ Tiene árboles de hojas perennes que soportan las bajas temperaturas.

19. _____ Tiene un dosel de árboles que deja entrar poca luz al sotobosque.

20. _____ Tiene muchos tipos de árboles de hojas caducas.

21. _____ Tiene animales como halcones, ciervos, alces y lobos.

22. _____ Tiene muy pocas precipitaciones.

23. _____ Tiene animales como cebras, leones, rinocerontes y búhos.

24. _____ Tiene animales como insectos, arañas, reptiles y aves.

25. _____ Tiene hierbas altas que proporcionan alimento y refugio a los animales.

26. _____ Tiene animales como ardillas, conejos, lobos y osos.

27. _____ Tiene permafrost, que hace que todo permanezca congelado.

PRUEBA DE CARÁCTER: Busca la palabra *confiable* en un diccionario. ¿Qué tan confiable eres?

Medidas/Lengua y literatura

DÍA 16

Resuelve cada problema de palabras.

1. La longitud de un lado de un cubo es de 8 cm.
   ¿Cuál es la superficie del cubo? _____ cm^2
   ¿Cuál es el volumen del cubo? _____ cm^3

2. Un parque estatal tiene 16.5 millas de largo y 8.3 millas de ancho. Suponiendo que la forma del parque es rectangular, ¿cuál es su área? _____ millas cuadradas

3. Malcolm hizo una caja de juguetes para su hermana menor. Tiene 24 pulgadas de alto, 36 pulgadas de ancho y 18 pulgadas de profundidad. ¿Cuál es el volumen de la caja de juguetes? _____ in.^{3}
   Malcolm quiere pintar el exterior de la caja de juguetes. Si cada lata de pintura cubre 10 pies cuadrados, ¿cuántas latas tendrá que comprar? _____ latas de pintura

4. Una señal de tráfico triangular tiene una altura de 45 cm. Su longitud en la base es de 75 cm. ¿Cuál es el área de la señal de tráfico? _____ cm^2

5. Una pirámide cuadrada tiene una altura de 12 pies. Cada lado de la base mide 7 pies de largo. Utiliza la siguiente fórmula para calcular el volumen de la pirámide: $V = \frac{1}{3}(s^2 \times h)$. _____ ft.^{3}

Empareja cada raíz de la primera columna con su significado en la segunda columna. Utiliza un diccionario si necesitas ayuda.

auto as in *automobile*	see
spec as in *spectacles*	one
ped as in *pedal*	foot
aqua as in *aquarium*	write
ject as in *reject*	throw
scrib/script as in *manuscript*	carry
port as in *transport*	water
mono as in *monarchy*	self

DÍA 16

Comprensión lectora/Estudios sociales

Lee el párrafo. A continuación, responde las preguntas.

Biographies and Mysteries

Biographies and mysteries are both types of books. A biography contains facts about a person's life. It might be written by that person or by someone else. A mystery is usually fictional. It describes how a puzzle or problem is solved by a detective, a police officer, or another person.

6. What two things does this paragraph compare? _____

7. How are the two things similar? How are they different? _____
_____

Lee el pasaje. Dibuja una línea para relacionar cada una de las características de la estatua con su significado.

La estatua de la Libertad

En 1884, Francia regaló a Estados Unidos una estatua llamada *La Libertad Iluminando al Mundo*. La estatua celebraba el espíritu de libertad y la amistad entre los dos países. Se encuentra cerca de la antigua estación de inmigración de Ellis Island, donde recibía a millones de inmigrantes que llegaban a Estados Unidos. La estatua pasó a ser conocida como la Estatua de la Libertad, y ha llegado a representar la libertad y las oportunidades.

La estatua se encuentra en la Isla de la Libertad, en Nueva York. Originalmente fue diseñada para servir de faro. Sin embargo, cuando se encendía la antorcha, su luz era demasiado tenue para verla desde lejos. Tras una renovación en 1986, la antorcha fue reconstruida y cubierta con hoja de oro.

8. Cadena rota a sus pies.
9. Corona con siete espigas.
10. Antorcha brillante.
11. Manto fluido.
12. Julio IV, MDCCLXXVI en la tablilla.
13. Tablilla en forma de piedra angular.

a. La luz de la libertad.
b. Siete mares y continentes.
c. Diosa romana de la libertad.
D. Liberarse de la tiranía.
E. Libro de la ley que mantiene todo en orden.
F. Fecha en que fue firmada la Declaración de Independencia.

DATO: La mayoría de las aproximadamente 13 000 islas de Indonesia están deshabitadas

Probabilidad/Lengua y literatura

DÍA 17

Determina la probabilidad de que se produzca cada acontecimiento. Simplifica si es posible.

Un frasco contiene 18 canicas del mismo tamaño. Contiene 7 canicas moradas, 3 canicas verdes y 8 canicas anaranjadas. Sin mirar, Travis saca 1 canica. ¿Cuál es la probabilidad de que pasen cada uno de los siguientes resultados?

1. P(verde) = ___
2. P(no es verde) = ___
3. P(morada) = ___
4. P(morada o verde) = ___
5. P(anaranjada) = ___
6. P(no es anaranjada) = ___

Determina la probabilidad de que se produzca cada acontecimiento. Simplifica si es posible.

Se lanza un dado numerado del 1 al 6. Encuentra la probabilidad de cada resultado.

7. P(5) = ___
8. P(1 o 2) = ___
9. P(número impar) = ___
10. P(no es 6) = ___
11. P(número par) = ___
12. P(1, 2, 3 o 4) = ___

Una *alusión* (allusion) es una referencia a una persona, lugar o cosa de la historia, la literatura o la mitología. Encuentra y subraya la alusión en cada una de las siguientes oraciones. Explica el significado de la alusión en las líneas.

13. Mrs. Pizzarelli asked Cameron to stop acting like such a Romeo around the girls.

    _____

14. Clare asked more and more questions about the surprise, but her mother cautioned her not to open a Pandora's box.

    _____

15. Diego had been working out for months before the competition, and he finally felt like a real-life Hercules.

    _____

16. "Devon is such an Einstein," said Gabriella. "He didn't miss a single question on the science test!"

    _____

17. Maggie, who rarely believed anything her brother said, half expected Peter's nose to start growing like Pinocchio's.

    _____

DÍA 17

Comprensión lectora

Lee el pasaje. A continuación, responde a las preguntas.

The Rosetta Stone

The Rosetta Stone was found among ruins in Egypt more than 200 years ago. It unlocked the mystery of the symbols that cover the temples and tombs of Ancient Egypt. The Rosetta Stone was carved and displayed for people to read in approximately 196 BC. It was named after the place where it was found, a town called Rosetta in what is today the country of Egypt.

There are three different kinds of writing on the stone. The writing on the top part of the stone consists of rows of small pictures, called *hieroglyphics*. Hieroglyphics were often carved on walls or on slabs of stone. The Egyptian priests used hieroglyphics.
The second kind of writing on the stone is now known as **demotic**, or popular, script. It was used by the Greeks in their everyday writing—for example, to send messages. The third section, located at the bottom of the stone, is written in Greek. By 196 BC, a Greek family named the Ptolemys had been ruling Egypt for over 100 years. Because of this, the Greek alphabet and language were being used in Egypt along with Egyptian writing.

18. What is the main idea of the first paragraph? _____
_____
_____

19. What is the main idea of the second paragraph? _____
_____
_____

20. What is the main idea of the entire passage? _____
_____
_____

21. Which of the following best defines the word *demotic*?
   A. angry
   B. popular
   C. written in stone
   D. language

ACONDICIONAMIENTO FÍSICO:
Haz 10 sentadillas.

* Ve la página ii.

Álgebra/Partes del discurso

DÍA 18

Continúa cada patrón numérico

1. 5, 8, 11, 14, 17, ____ , ____ , ____
2. 91, 86, 81, 76, 71, ____ , ____ , ____
3. 100, 92, 84, 76, 68, ____ , ____ , ____
4. 10, 20, 25, 35, 40, ____ , ____ , ____
5. 72, 69, 66, 63, 60, ____ , ____ , ____
6. 317, 402, 487, 572, ____ , ____ , ____
7. 5, 11, 23, 41, 65, ____ , ____ , ____
8. 244, 226, 208, 190, ____ , ____ , ____
9. 1, 4, 9, 16, 25, ____ , ____ , ____
10. 1, 2, 4, 8, 16, ____ , ____ , ____

Escribe a qué *parte de la oración* (part of speech) corresponde cada palabra en negritas.

11. The roof **on** the old barn is peeling. _____
12. A row of ants **marched** across the picnic blanket. _____
13. My **stepmom** loves to visit Montreal, Quebec. _____
14. Walter put on his boots before going **outside**. _____
15. Taylor and her parents are driving to **Oregon**. _____
16. Evan wants to visit France, **and** Brianna wants to visit Italy. _____
17. Samantha bought **three** peaches at the store. _____
18. Kobe often **eats** lunch with his friend Victoria. _____
19. Is **he** going to the store with Jamil? _____
20. **The** dance will take place in the school gym. _____

DÍA 18

Lengua y literatura/Ciencia

Lee cada oración. Si la oración contiene un razonamiento erróneo, explica por qué el razonamiento es ilógico. Si no contiene un razonamiento erróneo, escribe *lógico*.

21. Children over the age of 12 were admitted, so Ashley, age 13, and Bryan, age 14, were allowed in, while Fern, age 6, would have to wait. _____

22. Every time I carry a green and purple umbrella, it rains. Therefore, if I carry a green and purple umbrella tomorrow, it will rain. _____

23. Lamar waters his lawn on even-numbered days. So, on odd-numbered days, he keeps his sprinklers off. _____

Escribe la letra de cada tipo de energía renovable junto a su descripción.

| A. biomasa | B. geotérmica | C. hidroeléctrica |
| D. solar | E. mareomotriz | F. eólica |

24. _____ Utiliza el vapor y el agua caliente producidos por la energía del interior de la Tierra para hacer funcionar las centrales eléctricas y calentar los hogares.

25. _____ Quema la materia orgánica de las plantas para producir vapor y fabricar electricidad o calentar los hogares; también puede convertirse en combustible para automóviles.

26. _____ Utiliza la subida y bajada diaria del nivel de los océanos para alimentar turbinas que hacen girar un generador para crear electricidad.

27. _____ Dirige el agua que fluye a través de una turbina que hace girar un generador para crear electricidad.

28. _____ Las células fotovoltaicas convierten la radiación solar en electricidad utilizable.

29. _____ El aire en movimiento hace girar las turbinas que hacen girar un generador para crear electricidad.

DATO: Hay más de 900 especies de murciélagos en el mundo.

Resolución de problemas/Usos

DÍA 19

Resuelve cada problema.

1. En una muestra, 11 de 25 canicas son verdes. Predice aproximadamente cuántas canicas verdes hay en una caja de 100 canicas.

2. En una muestra, 54 de 75 estudiantes de la escuela media dijeron que iban a ir al carnaval escolar. Con base en esta muestra, aproximadamente ¿cuántos de los 750 estudiantes de la escuela media van a ir al carnaval?

3. En una muestra de 50 estudiantes de sexto grado, 32 estudiantes dijeron que van a participar en el concurso de escritura en la escuela. Basándose en esta muestra, ¿aproximadamente cuántos de los 250 alumnos de sexto grado de la escuela se presentarán al concurso de escritura?

4. En una muestra, 25 alumnos de sexto grado informaron sobre la talla de sus camisetas. Los resultados fueron: 3 pequeñas, 9 medianas y 13 grandes. Aproximadamente, ¿cuántas camisetas de cada talla se deben pedir para 250 alumnos de sexto grado?

Hay un *modificador* (modifier) mal colocado en cada oración. Vuelve a escribir las oraciones, moviendo los modificadores a los lugares correctos.

EJEMPLO: I liked the striped boy's sweater.
I liked the boy's striped sweater.

5. My sisters stood in line to buy tickets for the concert for 45 minutes.

_____

6. Eli made the muffins for his mom with a lemon glaze.

_____

7. The art teacher said on Thursday that she would return our projects.

_____

8. The gorgeous girl's photograph won first place in the show.

_____

DÍA 19

Lengua y literatura/Escritura

Lee cada pregunta y evalúa cómo la responderías. Utiliza la clave de respuestas para escribir el nivel de tu respuesta en la línea.

| Level 1 = yes or no response | Level 2 = one-word or short answer | Level 3 = extended answer |

9. _____ Where is the Grand Canyon?

10. _____ How does a virus invade the body?

11. _____ How do you make chocolate chip cookies?

12. _____ Where do anemones live?

13. _____ Do people float in space?

14. _____ How is energy delivered from the dam to houses?

15. _____ What is the name of the winning football team?

16. _____ How does a spider make a web?

17. _____ When do monarch butterflies migrate?

18. _____ Do cheetahs run faster than gazelles?

19. _____ When is soccer season?

20. _____ Will you study for the test with me?

Te ofrecen un viaje de ida y vuelta en una máquina del tiempo y puedes viajar cualquier distancia al pasado. ¿A qué época te gustaría viajar? ¿Por qué? Utiliza una hoja aparte si necesitas más espacio.

_____
_____
_____
_____
_____

ACONDICIONAMIENTO FÍSICO: Haz 10 abdominales.

* Ve la página ii.

Álgebra/Estructura de la oración

DÍA 20

Enumera en orden descendente las cuatro reglas que se aplican al orden de las operaciones.

_____
_____
_____
_____

Utiliza el orden de las operaciones para simplificar cada expresión matemática. Luego, resuelve cada ecuación.

1. $28 \div 7 + 10 =$ _____
2. $6 \times 2 + 6 \times 3 =$ _____
3. $40 - 3 \times 4 + 5 =$ _____
4. $(10 - 4) \times 3 - 10 =$ _____
5. $9 + 6 - 12 + 8 =$ _____
6. $(7 + 2) \div (7 - 4) =$ _____

Escribe *I* si el grupo de palabras es una *cláusula independiente* (independent clause). Escribe *D* si el grupo de palabras es una *cláusula dependiente* (dependent clause).

7. _____ whenever Dillon receives a letter
8. _____ everyone encourages him
9. _____ Martina rides her horse, Tally
10. _____ so Chad bought a new hat
11. _____ those flowers are blooming early
12. _____ until Lila finishes her homework
13. _____ I walked one mile before school
14. _____ since it was lightning and thundering

DÍA 20

Lee el pasaje. A continuación, responde las preguntas.

Constellations

Constellations are patterns of stars that are visible in the night sky. Some constellations are named after animals, and others are named after mythical characters. Although stars in a constellation may look close together, they are actually very far apart. Brighter stars are closer to Earth, and dimmer stars are farther away.

The International Astronomical Union (IAU) recognizes 88 official constellations. One of the best-known constellations is the Big Dipper. The stars appear to form the handle and bowl of a water dipper. The Big Dipper is part of a larger constellation known as Ursa Major, or the Great Bear.

People in different parts of the world see different parts of the night sky. Different constellations are also visible at different times of the year. However, some constellations can be seen by people in both hemispheres. The constellation of Orion, the Hunter, is visible in both the Northern and Southern Hemispheres, but in the Southern Hemisphere, it appears upside down!

15. What is the main idea of this passage?
    A. Constellations are patterns of stars that are present in the night sky.
    B. Some stars are very far from Earth.
    C. Australia is located in the Southern Hemisphere.

16. What are constellations named for? _____
    _____

17. Why do some stars appear brighter than others?
    _____
    _____

18. What is the IAU? _____

19. Ancient civilizations created myths and legends to explain the constellations they saw in the night sky. Do some research about these stories. Choose one and write a summary of it on a separate sheet of paper.

PRUEBA DE CARÁCTER: Lleva la cuenta a lo largo del día del número de veces que muestras consideración. Comparte tus resultados con un miembro de tu familia.

Experimento científico

EXTRA

La luz refractada

¿Cómo se refracta o dobla la luz cuando pasa a través de objetos transparentes como el vidrio y el agua?

Qué necesitas:
- monedas, piedras pequeñas y objetos pequeños similares que se hundan
- un vaso transparente lleno de agua
- una linterna
- cinta adhesiva
- un lápiz
- un lápiz afilado
- un acuario pequeño o recipiente rectangular transparente

Procedimiento:
Coloca el lápiz en el vaso de agua y obsérvalo desde diferentes ángulos. A continuación, llena el acuario o el recipiente rectangular transparente con agua. Coloca en el agua diversos objetos que se hundan, como monedas o guijarros. Observa estos objetos desde un lado, desde arriba y desde un ángulo. Cubre la parte delantera de la linterna con varias capas de cinta adhesiva. Haz un agujero cerca del centro de la cinta con el lápiz afilado. Cuando enciendas la linterna, un fino rayo de luz debería brillar a través del agujero. Apaga las luces de la habitación. Enfoca la luz hacia el acuario desde un lado, desde arriba y en diferentes ángulos.

1. Describe lo que viste al observar el lápiz en el vaso de agua.

   _____
   _____
   _____

2. Describe lo que viste al observar las monedas, las piedras u otros objetos en el acuario desde un lado, desde arriba y en diferentes ángulos. _____
   _____
   _____

3. Describe lo que viste al iluminar el acuario desde un lado, desde arriba y desde diferentes ángulos. _____
   _____
   _____

EXTRA

Experimento científico

¡Levantar con el aire!

¿La presión del aire es lo suficientemente fuerte como para levantar objetos pesados?

Aunque los gases como el oxígeno y el dióxido de carbono son invisibles, siguen ejerciendo presión sobre los objetos que los rodean. En esta actividad, comprobarás la fuerza de la presión del aire.

Qué necesitas:
- una bolsa de 1 galón, plástica y con cierre
- 3 o 4 libros
- cinta adhesiva o de empacar
- succionador (straw) plástico
- un lápiz afilado

Procedimiento:
Cierra la bolsa plástica. Coloca un libro en la parte superior de la bolsa y deja unas 2 pulgadas (5 cm) en la parte inferior de la bolsa por debajo del libro. Utiliza el lápiz afilado para hacer un agujero en la bolsa. Coloca el succionador en el agujero. Utiliza la cinta adhesiva para sellar el espacio alrededor del succionador para que no pueda salir el aire. Sopla con el succionador. Cuando necesites respirar, coloca el dedo sobre el extremo del succionador para evitar que el aire se escape. Sopla en la bolsa hasta que esté parcialmente inflada. Observa lo que ocurre con el libro cuando soplas en la bolsa. A continuación, coloca dos o tres libros encima del primero y sigue soplando con el succionador.

1. ¿Qué le ocurrió al libro cuando soplaste en la bolsa? _____
   _____
   _____

2. ¿La presión del aire fue lo bastante fuerte como para levantar varios libros? _____
   _____

3. Escribe una propiedad del aire que le permita levantar objetos. _____
   _____

4. ¿Puedes pensar en otra situación en la que la presión del aire sea lo suficientemente fuerte como para levantar un objeto pesado? _____
   _____
   _____
   _____

¿País, región o ciudad?

Identifica cada lugar. Escribe si es un país, una región o una ciudad. Luego, elige un lugar e investígalo. Escribe tres datos sobre el lugar que elegiste. Utiliza recursos de referencia si necesitas ayuda.

1. Egipto _____
2. Dublín _____
3. Costa Rica _____
4. Pacífico Sur _____
5. Oslo _____
6. Canberra _____
7. Belice _____
8. Panamá _____
9. Medio Oriente _____
10. Argentina _____
11. Japón _____
12. Grandes Llanuras _____
13. Florencia _____
14. Noroeste del Pacífico _____
15. Arabia Saudita _____
16. Montreal _____
17. Kenia _____
18. Austria _____
19. Katmandú _____
20. Círculo Polar Ártico _____

_____
_____
_____

EXTRA

Actividad de estudios sociales

Términos geográficos

Utiliza los términos geográficos del banco de palabras para hacer el crucigrama.

cañón
cabo
delta
duna
glaciar
istmo
laguna
mesa
oasis
pampa
meseta
embalse
sabana
estepa
estrecho
afluente

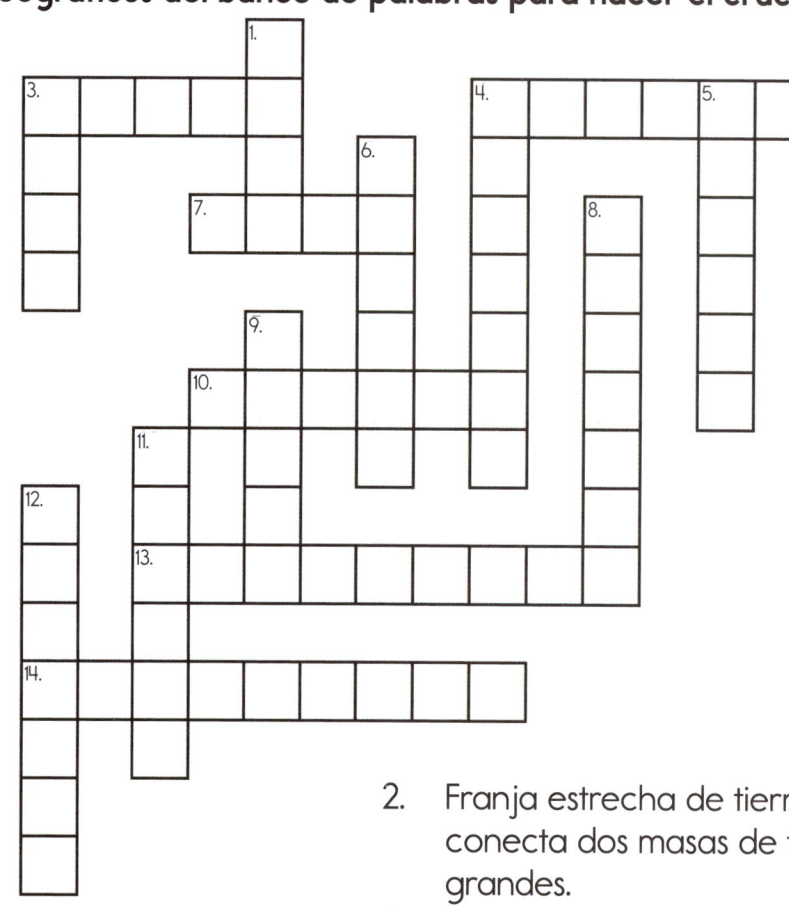

Horizontal
3. Terreno casi triangular en la desembocadura de un río formado por depósitos de limo.
4. Llanuras semisecas con escasa vegetación.
7. Tierra plana con lados escarpados.
10. Agua encerrada parcial o totalmente en un atolón.
13. Lugar de retención de agua.
14. Río o arroyo más pequeño que desemboca en uno más grande.

Vertical
1. Una franja estrecha de tierra que se adentra en una masa de agua.
2. Franja estrecha de tierra que conecta dos masas de tierra más grandes.
3. Una colina arenosa formada por el viento.
4. Pradera plana y abierta con árboles y arbustos dispersos.
5. Llanuras planas y herbáceas de Argentina.
6. Valle estrecho y profundo, con lados empinados.
8. Gran capa de hielo que se mueve lentamente.
9. En un desierto, una zona fértil con un suministro continuo de agua.
11. Masa de agua angosta que conecta dos masas de agua más grandes.
12. Área grande, alta y plana que se eleva sobre la tierra a su alrededor.

Actividad de estudios sociales

EXTRA

América del Norte y Central

Utiliza las letras del mapa para identificar los siguientes países de América del Norte y Central. Luego, elige un país y utiliza los recursos de referencia para responder las preguntas.

1. _____ El Salvador
2. _____ Groenlandia
3. _____ Belice
4. _____ Estados Unidos
5. _____ Nicaragua
6. _____ Canadá
7. _____ México
8. _____ Guatemala
9. _____ Honduras
10. _____ Panamá
11. _____ Costa Rica
12. _____ Cuba
13. _____ Jamaica
14. _____ Haití
15. _____ República Dominicana
16. _____ Bahamas

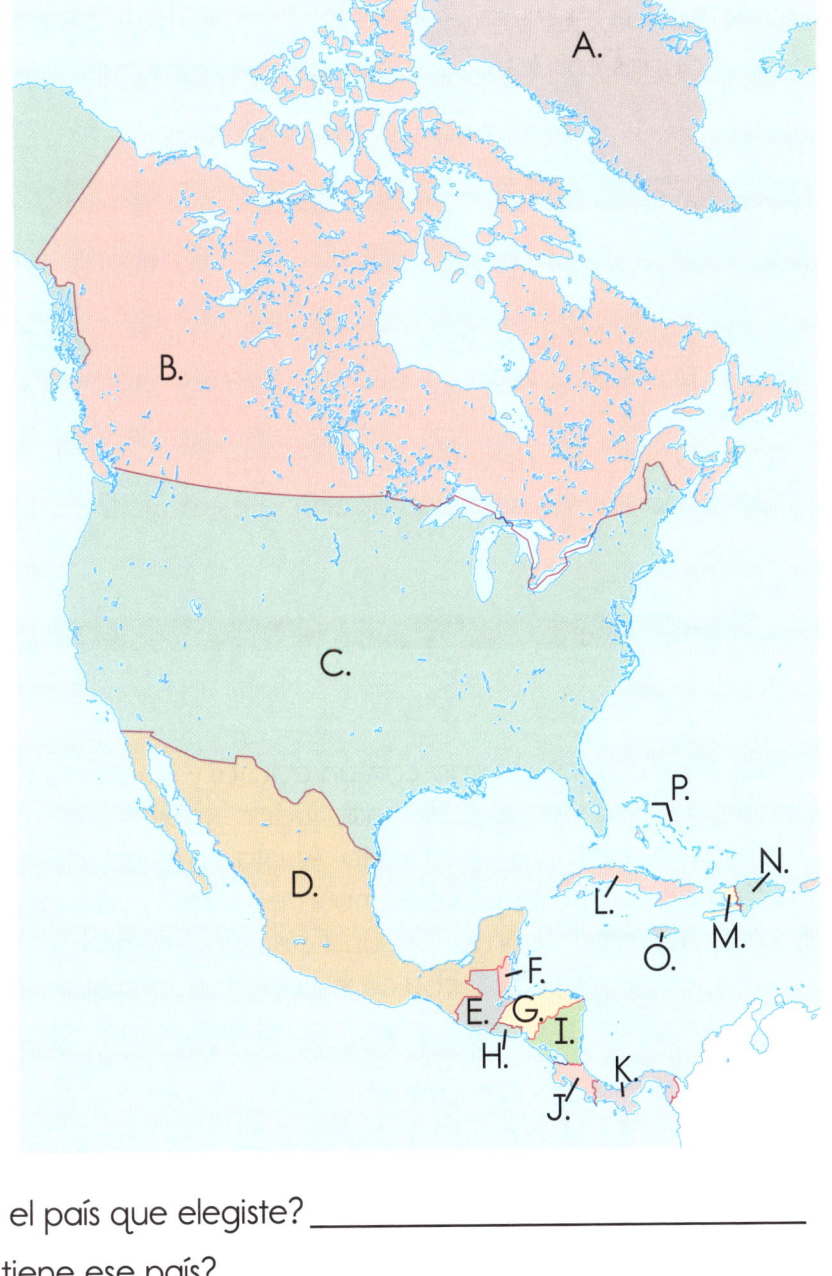

17. ¿Cuántos habitantes tiene el país que elegiste? _____
18. ¿Qué forma de gobierno tiene ese país? _____
19. ¿Cuál es la capital de ese país? _____

EXTRA

Actividades de extensión al aire libre

¡Vamos afuera!

Haz que un miembro de tu familia te acompañe en un paseo por un parque de la comunidad. Lleva un bolígrafo y un cuaderno. Anota los accidentes geográficos que observes en el parque, como arroyos, ríos, rocas y colinas. Cuando vuelvas a casa, haz una lista de al menos 10 preposiciones. A continuación, reflexiona sobre tu paseo por el parque. Escribe una historia corta o un poema sobre el paseo. Incorpora las preposiciones con los accidentes geográficos que hayas visto.

Sal a la calle con un amigo o familiar. Lleva un lápiz, un cuaderno y una cinta métrica. Mide el área de adelante y el área detrás de donde vives. Tener a alguien que te ayude con la cinta métrica te facilitará la tarea. Una vez que hayas medido la longitud y el ancho de ambos lugares, determina la superficie total tanto de adelante como de atrás de donde vives. ¿Cuál superficie es mayor? ¿Cuánto más grande es?

Da un paseo por tu barrio con un adulto, y lleva una cámara, un cuaderno y un bolígrafo. Toma una foto de cada lugar emblemático de tu barrio, como tu casa, tu escuela o tu restaurante favorito. Anota en tu cuaderno la ubicación de cada lugar emblemático. Si te es posible, imprime las fotos cuando vuelvas a casa. Haz un mapa que represente tu barrio con una cartulina. Pega las fotos en el mapa o dibuja los lugares emblemáticos. Debajo de cada foto o dibujo, escribe una breve descripción de cada monumento o lugar y destaca el motivo por el que aparece en el mapa.

Elige uno de los lugares emblemáticos del mapa y escribe un recuerdo que tengas asociado a él. Utiliza detalles descriptivos que transmitan con fuerza la sensación del lugar a tu lector. Comparte tu mapa y tu historia con un amigo.

SECCIÓN III

Objetivos mensuales

Piensa en tres objetivos que quieras cumplir este mes. Por ejemplo, tal vez quieras aprender cinco palabras nuevas cada semana. Escribe tus objetivos en las líneas que aparecen a continuación. Colócalos en un lugar visible, donde los puedas ver todos los días.

Dibuja una palomita al lado de cada objetivo que cumplas. Siéntete orgulloso de haber cumplido tus metas y sigue estableciendo nuevas metas para desafiarte a ti mismo.

1. _____
2. _____
3. _____

Lista de palabras

En esta sección se utilizan las siguientes palabras. Utiliza un diccionario para buscar cada palabra que no conozcas. A continuación, escribe tres oraciones en inglés. Utiliza al menos una palabra de la lista de palabras en cada oración.

abash (avergonzar, consternar)	interval (intervalo)
census (censo)	occupations (ocupaciones)
demographic (demográfica)	precise (precisa)
habitat (hábitat)	province (provincia)
inhabitants (habitantes)	scholars (académicos)

1. _____
   _____
2. _____
   _____
3. _____
   _____

SECCIÓN III

Introducción a la resistencia

Esta sección incluye actividades de acondicionamiento físico y de desarrollo del carácter centrados en la resistencia. Estas actividades están diseñadas para mantenerte en movimiento y para hacerte pensar en el desarrollo de tu resistencia física y mental. Si tienes una movilidad limitada, no dudes en modificar los ejercicios sugeridos para adaptarlos a tus capacidades individuales.

Resistencia física

¿Qué tienen en común subir escaleras, hacer caminatas y montar en bicicleta? ¡Que son excelentes formas de desarrollar resistencia física! Tener resistencia significa realizar una actividad durante un periodo de tiempo antes de que tu cuerpo se canse. Para mejorar tu resistencia necesitas hacer ejercicio aeróbico con regularidad, lo que hace que tu corazón lata más rápido y que respires más fuerte. Como resultado de la actividad aeróbica regular, tu corazón se fortalece y las células sanguíneas suministran oxígeno al cuerpo de forma más eficiente.

Aunque hay momentos en los que una actividad relajante es valiosa, también es importante aprovechar las mañanas cálidas y los días soleados para salir al exterior. Elige actividades que te gusten. Invita a un miembro de tu familia a dar un paseo a pie o en bicicleta. Juega un partido de baloncesto con tus amigos. Deja las actividades relajantes para cuando esté oscuro, haga demasiado calor o para cuando llueva.

Establece un objetivo de resistencia para este verano. Por ejemplo, podrías trotar todos los días hasta que puedas correr una milla sin parar. Establece nuevos objetivos cuando cumplas los anteriores. ¡Enorgullécete de tus éxitos en materia de resistencia!

Resistencia mental

La resistencia se aplica tanto a la mente como al cuerpo. Demostrar resistencia mental significa perseverar. Continuar con las tareas cuando sientes ganas de abandonarlas y trabajar hasta que están terminadas son formas de demostrar resistencia mental.

Desarrolla tu resistencia mental este verano. Tal vez quieras ganar un poco de dinero extra para una nueva bicicleta ayudando a tus vecinos con el trabajo de jardinería, pero después de una semana de trabajar en el jardín de tu vecino, te podrías dar cuenta de que no es tan fácil como pensabas. Piensa en algunos puntos clave, como que llevas meses queriendo esa bicicleta nueva. Sé positivo. Recuérdate a ti mismo que solo llevas una semana trabajando y que tus vecinos aprecian mucho tu trabajo. Piensa en formas de hacer que el trabajo de jardinería sea más agradable, como empezar más temprano o escuchar música mientras trabajas. Dejar de trabajar debe ser el último recurso. Desarrolla tu resistencia mental ahora, te ayudará a prepararte para los retos posteriores.

Álgebra y fracciones/Estructura de la oración

DÍA 1

Resuelve. Escribe las fracciones en su forma más simple.

1. $15 - (-6) =$ _____
2. $-9 + (-3) =$ _____
3. $-18 + 13 =$ _____
4. $24 + (-16) =$ _____
5. $-32 - (-22) =$ _____
6. $-45 - 30 =$ _____
7. $8\frac{3}{4} + 4\frac{7}{8} =$ _____
8. $5\frac{1}{6} - 2\frac{8}{15} =$ _____
9. $4\frac{5}{7} + 8\frac{1}{2} =$ _____
10. $15\frac{2}{5} - 3\frac{7}{9} =$ _____
11. $5\frac{7}{12} + 13\frac{3}{4} =$ _____
12. $12\frac{9}{11} - 4\frac{1}{2} =$ _____

Dibuja una línea desde cada *cláusula dependiente* (dependent clause) hasta la *cláusula independiente* (independent clause) que complete la oración.

dependent clause	independent clause
13. If you save your money,	A. Toto got a treat.
14. Because the leaves were changing colors,	B. Jonah's stepfather took him to school.
15. When I see the street sign,	C. I know the movie is good.
16. From the large crowd of people,	D. we knew autumn was here.
17. Since his mother was sick,	E. you can buy a new video game.
18. Because he is a good dog,	F. I know to turn right.
19. but I had to leave early.	G. The game was exciting,

20. Escribe una cláusula dependiente. _____

21. Ahora, para hacer una oración completa agrega una cláusula independiente a la cláusula dependiente. _____

DÍA 1

Lengua y literatura/Escritura

Escribe una definición para cada palabra.

22. firm _____

23. coast _____

24. current _____

Escribe una definición para cada palabra en negritas tal como se utiliza en la oración. A continuación, compara con las definiciones anteriores.

25. My brother works for a law **firm** in Chicago, Illinois. _____
_____

26. Hunter likes to **coast** down that large hill on his bike. _____
_____

27. Zaila let the **current** carry her kayak downstream. _____
_____

Los historiadores estudian los principales acontecimientos del pasado, pero también estudian la vida cotidiana. Para esto, los historiadores estudian los objetos y documentos que las personas usaron. Imagina que eres un historiador que viene del futuro. ¿Qué aprenderías sobre el siglo XXI al estudiar tu casa? Usa una hoja de papel aparte si necesitas más espacio. Procura escribir en inglés.

_____
_____
_____
_____
_____
_____
_____

DATO: El noventa por ciento de la masa de un iceberg se encuentra debajo de la superficie del agua.

© Carson Dellosa Education

Decimales/Estructura de la oración

DÍA 2

Reescribe cada fracción como un decimal. En la línea que hay debajo de cada ecuación, escribe *T* si el decimal es *terminante* (terminating). Escribe *R* si el decimal es *repetitivo* (repeating). Redondea los decimales que se repitan a la diezmilésima más cercana.

1. $\dfrac{7}{8} =$ _____
2. $\dfrac{2}{3} =$ _____
3. $\dfrac{5}{9} =$ _____
4. $\dfrac{5}{6} =$ _____
5. $\dfrac{7}{16} =$ _____
6. $\dfrac{7}{12} =$ _____

Cada una de las siguientes oraciones contiene un *sujeto compuesto* (compound subject) o un *predicado compuesto* (compound predicate). Encierra en un círculo las palabras que formen cada sujeto compuesto. Subraya las palabras que formen cada predicado compuesto.

7. Corn and green beans are my two favorite vegetables.
8. The game both entertained and excited the football fans.
9. Beth cooked her dinner and then ate it.
10. Diana and I cooked dinner for her parents.
11. Those attending the school picnic sipped lemonade and played games on the soccer field.
12. Vanilla and butter pecan are my two favorite flavors of ice cream.
13. Write a sentence about your family that has a compound subject.

   _____
   _____
   _____

14. Write a sentence about a close friend that has a compound predicate.

   _____
   _____
   _____

DÍA 2

Probabilidad/Escritura

Pablo va a comprar una bicicleta nueva. Puede comprar una bicicleta de carreras o una bicicleta de montaña. Sus opciones de color son roja, negra y plateada. Haz un diagrama de árbol que muestre los posibles resultados de Pablo. A continuación, responde las preguntas. Escribe las fracciones en su forma más simple.

15. ¿Cuántos resultados posibles hay? _____

16. ¿Cuál es la probabilidad de que Pablo consiga una bicicleta de carreras? _____

17. ¿Cuál es la probabilidad de que la bicicleta sea roja? _____

18. ¿Cuál es la probabilidad de que Pablo reciba una bicicleta de montaña plateada?
_____

¿Con qué miembro de tu familia tienes más cosas en común? Describe las similitudes entre esa persona y tú. ¿Qué les gusta hacer juntos? Utiliza una hoja aparte si necesitas más espacio.

_____
_____
_____
_____
_____
_____
_____

ACONDICIONAMIENTO FÍSICO:
Trota en un mismo lugar durante 30 segundos.

* Ve la página ii.

Puntuación/Proporciones

DÍA 3

Si los adjetivos están en un orden determinado (por ejemplo: *little brown dog*), no es necesario poner una coma entre ellos. Sin embargo, si puedes cambiar fácilmente el orden de los adjetivos (ejemplo: *energetic, playful dog* o *playful, energetic dog*), se necesita una coma. Lee cada oración. Si las comas se utilizan correctamente dibuja una palomita en la línea, si las comas faltan o son incorrectas dibuja una X en la línea.

1. _____ Elliott was always a nervous anxious cat.
2. _____ The Warrens lived in a gray, ranch house.
3. _____ Saaid wore a green, nylon windbreaker to the game on Friday.
4. _____ Mia and her sister made six jars of fresh, spicy salsa.
5. _____ The friendly eager students waved signs to advertise the car wash.
6. _____ Keely found three blue speckled eggs in the nest.
7. _____ The quaint tiny yellow cottage belongs to Harry's grandma.
8. _____ Linh felt that the thoughtful, encouraging, knowledgeable girl would make a wonderful camp counselor.

Utiliza la *multiplicación en cruz* (cross multiplication) para resolver cada proporción.

9. $\dfrac{5}{2} = \dfrac{10}{m}$

10. $\dfrac{3}{a} = \dfrac{9}{3}$

11. $\dfrac{12}{d} = \dfrac{3}{1}$

12. $\dfrac{7}{n} = \dfrac{2}{4}$

13. $\dfrac{p}{15} = \dfrac{6}{5}$

14. $\dfrac{14}{21} = \dfrac{j}{3}$

15. $\dfrac{120}{30} = \dfrac{s}{5}$

16. $\dfrac{y}{18} = \dfrac{3}{6}$

17. $\dfrac{100}{20} = \dfrac{5}{r}$

18. $\dfrac{24}{k} = \dfrac{8}{12}$

19. $\dfrac{g}{15} = \dfrac{8}{5}$

20. $\dfrac{5}{5} = \dfrac{7}{t}$

DÍA 3

Comprensión lectora

Lee el pasaje. A continuación, responde las preguntas.

Demographics

Demographics are characteristics of human populations. The word *demographics* contains the word roots *demo*, meaning "people," and *graph*, meaning "to write." Demographic data includes people's ages, occupations, educational levels, and incomes. Government officials can use this information to determine the makeup of a city's or county's population and whether there is a need for different services. For example, if a city's officials learn that many families with young children are moving into the area, they may recommend building more schools.

One way that countries collect demographic data is by taking a national census. In the United States, an official census of the population is taken every 10 years. In Canada, a national census is taken every 5 years. Both countries use demographics to examine trends in their populations.

21. What is the main idea of this passage?
    A. Rural cities may have fewer residents than urban ones.
    B. Some cities have a large number of young people.
    C. Demographics include various information about people's lives.

22. What types of information might demographic data include? _____

23. How do government officials use demographic data? _____

24. How do countries collect demographic data? _____

25. How often are censuses taken in the United States and Canada? _____

DATO: El presidente Lyndon B. Johnson fue ascensorista y profesor antes de ser presidente.

Proporciones y resolución de problemas/Puntuación

DÍA 4

Calcula las tasas unitarias para resolver cada problema. Redondea las respuestas según sea necesario.

1. Mikayla puede correr 2 millas en $12\frac{1}{2}$ minutos. Brie puede correr 5 millas en $22\frac{1}{4}$ minutos. ¿Quién puede correr más rápido?
   Tasa unitaria para Mikayla: _____ Tasa unitaria para Brie: _____
   _____ corre más rápido.

2. Lucy fue a la tienda A y compró $4\frac{4}{5}$ libras de pollo por 18.50 dólares. Sophie fue a la tienda B y compró $3\frac{1}{2}$ libras de pollo por 14.75 dólares. ¿Quién consiguió la mejor oferta?
   Tasa unitaria para la compra de Lucy: _____
   Tasa unitaria para la compra de Sophie: _____
   _____ consiguió la mejor oferta.

3. Tré se fue de excursión y quemó 585 calorías en $2\frac{1}{4}$ horas. Zack decidió dar un paseo en bicicleta y quemó 1 055 calorías en $3\frac{5}{8}$ horas. ¿Quién quemó más calorías por hora?
   Tasa unitaria para Tré: _____ Tasa unitaria para Zack: _____
   _____ quemó más calorías por hora.

Coloca *apóstrofes* (apostrophes) donde sea necesario en el párrafo.

Family Friends

Camilles best friend is Marcella. Theyre in different classes this year, but theyve known each other since preschool. They havent spent more than a few days apart in their lives. Marcellas mom is Camilles fathers boss. Marcellas father is Camilles uncles business partner. The two families friendship has lasted more than 15 years. Marcella has two older brothers, and Camille has one. Theyre in high school now, but theyll be in college soon. The boys relationship is very close too. They dont hesitate to call one another for advice.

DÍA 4

Lee cada oración. Luego, encierra la letra que esté junto al *sinónimo* (synonim) de la palabra en negritas. Utiliza un diccionario si necesitas ayuda.

4. The yearbook includes many **candid** shots of students.
   - A. hidden
   - B. athletic
   - C. difficult
   - D. unposed

5. The weather was **balmy** this morning, but it may rain this afternoon.
   - A. mild
   - B. windy
   - C. chilly
   - D. stormy

6. The tennis team was **exultant** after its win in the tournament.
   - A. upset
   - B. bored
   - C. angry
   - D. thrilled

7. Katie's new dog is **docile** and sweet.
   - A. frightened
   - B. nervous
   - C. calm
   - D. energetic

8. Louis's teacher said that Louis is responsible and **competent**.
   - A. unhappy
   - B. hungry
   - C. mischievous
   - D. capable

Corre para obtener resistencia

El entrenamiento por intervalos es una forma de aumentar tu resistencia. Con el entrenamiento por intervalos, las ráfagas de ejercicio van seguidas de breves periodos de recuperación. Para este ejercicio, necesitarás un par de zapatillas cómodas para correr y un lugar plano y seguro para correr y caminar.

Para empezar, trota durante varios minutos hasta que tus músculos estén calientes. Una vez que estés preparado, corre entre 10 y 15 segundos. A continuación, camina entre 45 y 60 segundos. Alterna el acto de correr y de caminar hasta que hayas corrido cinco veces. Busca puntos de referencia, como buzones o árboles, para ayudarte a calcular los intervalos. Por ejemplo, puedes correr hasta un buzón y luego volver caminando, o correr hasta un árbol y luego caminar hasta el siguiente árbol antes de correr de nuevo.

ACONDICIONAMIENTO FÍSICO: Haz 10 saltos de tijera.

* Ve la página ii.

Álgebra y fracciones/Lengua y literatura

DÍA 5

Resuelve los problemas de multiplicación y división. Si el número total de signos negativos es par, la respuesta final será positiva. Si el número total de signos negativos es impar, la respuesta final será negativa. Escribe las fracciones de la forma más simple.

1. $-7 \times 5 =$ _____
2. $32 \div (-4) =$ _____
3. $-9 \times (-3) =$ _____

4. $60 \div (-12) =$ _____
5. $-9 \times 7 =$ _____
6. $-6 \times (-3) =$ _____

7. $4\frac{3}{8} \times 2\frac{1}{3} =$ _____
8. $1\frac{4}{7} \div \frac{1}{2} =$ _____
9. $3\frac{8}{9} \times 1\frac{3}{4} =$ _____

10. $5\frac{2}{3} \div 1\frac{2}{5} =$ _____
11. $4\frac{7}{8} \div 1\frac{1}{4} =$ _____
12. $6\frac{1}{3} \times 2\frac{5}{7} =$ _____

Utiliza el contexto de cada oración para ayudarte a determinar el significado de la palabra subrayada y escríbelo en la línea. Luego, busca la palabra en un diccionario impreso o en línea para verificar tu definición.

13. Dad <u>accelerated</u> once we were on the highway, but he slowed down when he saw the traffic jam ahead.

_____

14. At first it seemed <u>inconceivable</u> that Jordan would be away at camp for two whole weeks, but after a few days, she began to get accustomed to the idea.

_____

15. Mr. Akita apologized for <u>inundating</u> us with homework last week and promised that he would assign a lighter load this week.

_____

16. Sasha was rather <u>aloof</u> at first, but she quickly warmed up to the new kittens and became much friendlier.

_____

17. Maddy described her aunt as a <u>vivacious</u>, enthusiastic woman who loves hiking, dogs, reading mysteries, and painting.

_____

DÍA 5

Lengua y literatura/Ciencia

Lee cada resumen. Subraya la oración que no corresponda.

18. The topic of the article I read was rain forest plants. Animals like monkeys and sloths live in the rain forest. Numerous flowering plants and vines grow on the forest floor. Many of the trees grow to heights of city buildings. Bromeliads are plants that sometimes grow in the rain forest's canopy.

19. The article, "Today's Computers," describes the many uses of computers. They are used to access the Internet. Word processing programs are used for reports, letters, and schoolwork. They are also used for recreational and educational computer games. Some computers come in different colors.

Lee cada oración. Escribe M si la situación describe una erosión mecánica. Escribe Q si la situación describe una erosión química.

20. _____ La lluvia ácida disuelve la piedra caliza.

21. _____ Una gran roca se desprende de un acantilado y se rompe.

22. _____ El agua en las grietas de una roca se congela y rompe la roca.

23. _____ Un auto viejo que lleva varios años a la intemperie forma óxido en la parte inferior.

24. _____ Las raíces de los árboles agrietan los cimientos de una casa.

25. _____ El musgo crece en la superficie de una roca, produciendo agujeros.

26. _____ Los bordes de una roca se redondean con el tiempo a medida que el agua la transporta a lo largo del fondo de un arroyo.

27. _____ Una lápida de mármol en una zona muy contaminada se vuelve difícil de leer con el tiempo.

28. _____ El viento empuja la arena contra una formación rocosa en el desierto.

PRUEBA DE CARÁCTER: Escribe una historia acerca de un personaje que demuestre diligencia.

Álgebra y resolución de problemas/Puntuación

DÍA 6

Escribe y resuelve una ecuación para cada problema.

1. Charley vendió 12 canastas de fruta para la recaudación de fondos de la escuela. María vendió 15 y Pablo vendió 18. Si cada canasta de frutas costó 18 dólares, ¿cuánto dinero recaudaron en total?

   ecuación: _____

   respuesta: _____

2. Un puma puede correr 25 millas por hora. Un guepardo puede correr 55 millas por hora. Si ambos corren durante 3 horas a toda velocidad, ¿cuánto más correrá el guepardo?

   ecuación: _____

   respuesta: _____

3. Elsa vendió 24 dibujos por 12 dólares cada uno en la feria de arte. Va a utilizar $\frac{1}{3}$ del dinero para comprar libros. El resto del dinero irá a su cuenta de ahorros. ¿Cuánto dinero pondrá en su cuenta de ahorros?

   ecuación: _____

   respuesta: _____

4. Lukas pagó un par de zapatos con un billete de 50 dólares. Después de que el empleado añadiera el 9% de impuestos a la compra, Lukas recibió 17.30 dólares de cambio. ¿Cuál fue el precio de los zapatos, sin incluir el impuesto?

   ecuación: _____

   respuesta: _____

Escribe las comas donde sean necesarias en el párrafo.

Jarvis and Rover

Jarvis is a kind helpful honest friend. He has short black hair and large brown friendly eyes. When I go to Jarvis's house, we play with his dog Rover. Rover is a gentle quiet dog. His tail is long thin and feathery. His ears are floppy soft and silky. They fly behind him when he runs. Rover is always ready to plant a big sloppy kiss on my cheek. Just like Jarvis Rover likes everybody and everybody likes him.

DÍA 6

Lee el pasaje. A continuación, responde las preguntas.

The Vikings in Canada

The Vikings were the first Europeans to cross the Atlantic Ocean and reach North America. Historians knew that the Vikings settled in Greenland and Iceland but were not sure how much time they spent in Canada. In 1960, a Viking settlement from around AD 1000 was found at L'Anse aux Meadows in what is now the Canadian province of Newfoundland and Labrador. Archaeologists uncovered the ruins of eight buildings that had sod walls and roofs over supporting frames. In the middle of each floor was a long, narrow fireplace used for heating and cooking. Archaeologists also found tools the Vikings had used. Because the design of the tools and the buildings was similar to those found in Viking settlements in Greenland and Iceland, it was clear that the Vikings settled in Canada as well. Today, L'Anse aux Meadows is a national historic site, and many people visit it each year.

5. What is the main idea of this passage?
   A. Archaeologists uncovered the ruins of eight buildings.
   B. The first Europeans to reach North America were the Vikings.
   C. Many people visit national historic sites each year.

6. In which area of Canada did the Vikings settle?

7. What was found in 1960 at L'Anse aux Meadows?

8. What did the buildings at L'Anse aux Meadows look like?

9. How did archaeologists know that it was a Viking settlement?

DATO: Dos estrellas que orbitan entre sí se llaman estrellas *dobles* o *binarias*. La mitad de las estrellas del universo son *binarias*.

Álgebra/Puntuación

DÍA 7

Escribe expresiones equivalentes.

1. $6x + 7 - 3 + x =$ _____
2. $4(3y + 5) =$ _____
3. $-2w + w - (3 + 7) =$ _____
4. $2b(b - 2) =$ _____
5. $-9(3x + 7) =$ _____
6. $c + c + 2c - 12 =$ _____
7. $a \times 5 \times a =$ _____
8. $12 \div (z - 3) =$ _____
9. $6 \times 2d \times 3 =$ _____
10. $x + 5x - 3x + 6 =$ _____

Escribe las comillas donde sean necesarias en cada oración.

11. Morgan shouted, Hurray! We made it!
12. Have you been a part of a sports team at your school? asked Silvia.
13. After you take out the trash, said my dad, we can go see a movie.
14. Reid told Angie that Casey at the Bat was his favorite poem.
15. Look out for that bump in the road! shouted Dad.
16. Leave your binoculars at home, suggested Ms. Haynes. Your ears will be more helpful than your eyes on this field trip.
17. What is the quickest way to get to the park? asked Andre.
18. We are going to the movies this afternoon, said Deanna, and then we are going to get ice cream.
19. Be careful! shouted Mom.

DÍA 7

Lee las palabras del banco de palabras. Completa el esquema escribiendo los *subtítulos* (subheadings) y los *detalles de apoyo* (supporting details) en las líneas. Utiliza cada palabra u oración una vez.

> books   chairs   desks
> furniture   library books   paper
> pencils   pens   reference books
> storage cabinets   supplies   textbooks

Aula

A. _____

1. _____
2. _____
3. _____

B. _____

1. _____
2. _____
3. _____

C. _____

1. _____
2. _____
3. _____

Una *fuente primaria* (primary source) proporciona información sobre un acontecimiento a partir de alguien que estaba presente cuando este ocurrió. Una *fuente secundaria* (secondary source) recoge e interpreta la información de otras fuentes después de que el acontecimiento ha ocurrido. Lee cada descripción. Escribe *P* si la fuente es primaria. Escribe *S* si la fuente es secundaria.

20. _____ a diary
21. _____ an encyclopedia
22. _____ a textbook
23. _____ a photograph
24. _____ a biography
25. _____ a history book
26. _____ a letter
27. _____ a birth certificate
28. _____ an interview
29. _____ taped news footage

ACONDICIONAMIENTO FÍSICO: Salta 10 veces sobre tu pie izquierdo.

* Ve la página ii.

Álgebra y resolución de problemas/Puntuación

DÍA 8

Escribe y resuelve una ecuación de suma para cada problema. Puede ser útil incluir valores absolutos en las ecuaciones que escribas.

1. El autobús Trailride salió de Pottstown y recorrió 54 millas hacia el este. Luego, dio la vuelta y condujo hacia el oeste durante 73 millas. ¿A qué distancia estaba el autobús de Pottstown?

   Ecuación de suma: _____

2. La temperatura era de 32° al amanecer. Al mediodía, la temperatura había subido 15°. A medianoche, la temperatura había descendido 57°. ¿Cuál era la temperatura a medianoche?

   Ecuación de suma: _____

3. Delaney sacó un 6 y movió su ficha de juego 6 espacios hacia adelante en el tablero. Luego, sacó una carta que decía «Retrocede 10 espacios». ¿Cuántos espacios hay desde el lugar donde comenzó su turno?

   Ecuación de suma: _____

Escribe las comillas donde sean necesarias en el párrafo.

Our Special Spring Program

Holly Street Middle School will hold a spring program next month. I will be the announcer for the program. I will say, The drama team is proud to present a famous story about a young woman who was too curious. After the drama team's performance, Mr. Graham's class will recite The Cloud by Percy Bysshe Shelley. Ms. Carrol's class will sing The Ashe Grove.

DÍA 8

Comprensión lectora/Escritura

Lee cada situación. Luego, responde la pregunta para predecir lo que ocurrirá a continuación.

Sally Ann is 80 years old. She lives in a house with a small, fenced yard. She decided to adopt a dog to keep her company. Sally Ann went to the animal shelter and narrowed her choice to two dogs. The first was a large, one-year-old retriever. He had a lot of energy and was accustomed to running on acres of land. The second dog was a small, three-year-old spaniel. He was very calm and knew how to use a doggy door to go out into the yard.

4. Which dog do you think Sally Ann will choose? Why? _____
_____
_____

Harry's weekend was busy. He spent Friday night at Roberto's house, and they stayed up late watching movies. Harry left early the next morning for baseball practice. He was exhausted when he finally returned home, but he helped his mom get ready for the party they were hosting that evening. When all of the preparations were finished, Harry went to his room and eyed his bed. He still had three hours before the party began.

5. What do you think will happen next? Why? _____
_____
_____

Imagina que los habitantes de la Tierra han aprendido por fin a vivir en otros planetas. ¿En qué otro planeta te gustaría vivir aparte de la Tierra? ¿Por qué elegiste ese planeta? Puedes utilizar algunos materiales de investigación para ayudarte a decidir tu respuesta. Utiliza una hoja aparte si necesitas más espacio. Procura escribir en inglés.

_____
_____
_____
_____

DATO: El diámetro del sol mide aproximadamente 870 000 millas (1 400 000 km).

Álgebra/Lengua y literatura

DÍA 9

La tasa unitaria también puede llamarse *constante de proporcionalidad* (constant of proportionality) (*k*). Esta describe la velocidad a la que cambian las variables de una ecuación. Se encuentra utilizando la ecuación $k = x \div y$. Encuentra la constante de proporcionalidad para el conjunto de valores que se muestra a continuación. Luego, completa la tabla con otros tres valores. Grafica los puntos en el plano de coordenadas y dibuja una línea a través de los puntos para mostrar que la tasa de cambio es constante (una línea recta).

x	3	6	___	___	___
y	1	2	___	___	___

k = _____

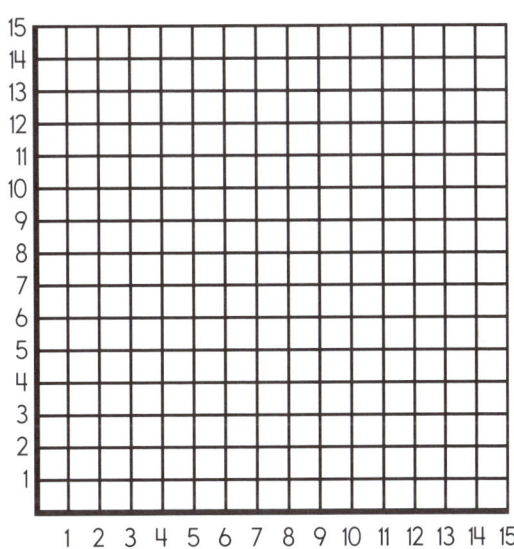

Escribe una oración en inglés con cada palabra. Al lado de la palabra, escribe *positive* (positivo), *neutral* (neutro) o *negative* (negativo) para mostrar la *connotación* (connotation) de la palabra tal como la utilizaste.

1. unique _____
   _____

2. flimsy _____
   _____

3. rustic _____
   _____

4. immature _____
   _____

DÍA 9

Lee el poema. Después, responde a las preguntas.

Emily Dickinson

During her lifetime, Emily Dickinson published only 7 of the approximately 1,800 poems that she wrote. Most of her poems were published posthumously, or after her death. Today, Dickinson is known for her unusual use of capital letters and punctuation, vivid imagery, slant rhyme, and broken meter. She did not give her poems titles. Instead, Dickinson's poems are often organized in chronological order and assigned a number based on when scholars think each poem was written.

254
"Hope" is the thing with feathers –
That perches in the soul –
And sings the tune without the words –
And never stops – at all –

And sweetest – in the Gale – is heard –
And sore must be the storm –
That could abash the little Bird –
That kept so many warm –

I've heard it in the chilliest land –
And on the strangest Sea –
Yet, never, in Extremity,
It asked a crumb – of Me.

5. To what does Emily Dickinson compare hope? _____

6. What do you think Dickinson means when she writes that hope is ". . . sweetest – in the Gale. . ."? _____
_____

7. When words sound the same but do not rhyme exactly, they are called *slant rhymes*. Write one pair of slant rhymes from the poem.
_____ / _____

ACONDICIONAMIENTO FÍSICO: Salta con el pie derecho durante 30 segundos.

* Ve la página ii.

Medidas/Puntuación

DÍA 10

Encuentra la circunferencia de cada círculo mediante la fórmula C=2πr. La variable *r* representa el radio. Utiliza 3.14 para pi (π).

1.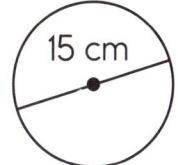
2.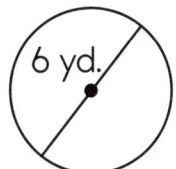
3.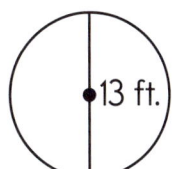
4.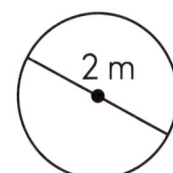

_____ _____ _____ _____

5.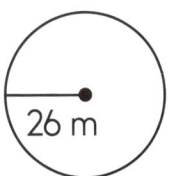
6.
7.
8.

_____ _____ _____ _____

Escribe guiones donde sea necesario en la oración.

9. The sports loving fans did not seem to notice the freezing temperatures.

10. Ilene made her mother in law a chocolate cake for her birthday.

11. The store has forty four electric fans in stock.

12. Mikacia saw twenty one meteors in the pitch black sky.

13. Fifty eight people waited two hours in the late afternoon drizzle for tickets to see the movie.

Escribe dos oraciones. Utiliza al menos un guion en cada oración.

14. _____

15. _____

DÍA 10

Lengua y literatura/Ciencia

Lee cada párrafo. Encierra en un círculo el accesorio que describa cada párrafo. Luego, subraya las pistas del contexto que te ayudaron a elegir tu respuesta.

16. Sharon was looking for something to carry on her business trip. She wanted it to be large enough to hold her money, glasses, and address book. She preferred that it would have a shoulder strap and match the clothes she was taking.

    A. wallet
    B. purse
    C. suitcase
    D. backpack

17. Sharon stopped at a store. She told the salesperson where she was going and what clothes she was taking. She explained that the most important thing was that she be comfortable while standing all day and demonstrating her product. Sharon sat down to try on some of the things the salesperson brought her.

    A. hat
    B. shoes
    C. luggage
    D. belt

Etiqueta el diagrama del interior de la Tierra utilizando los términos del banco de palabras. Utiliza recursos de referencia si necesitas ayuda.

| astenósfera | núcleo interno | manto |
| corteza | litosfera | núcleo externo |

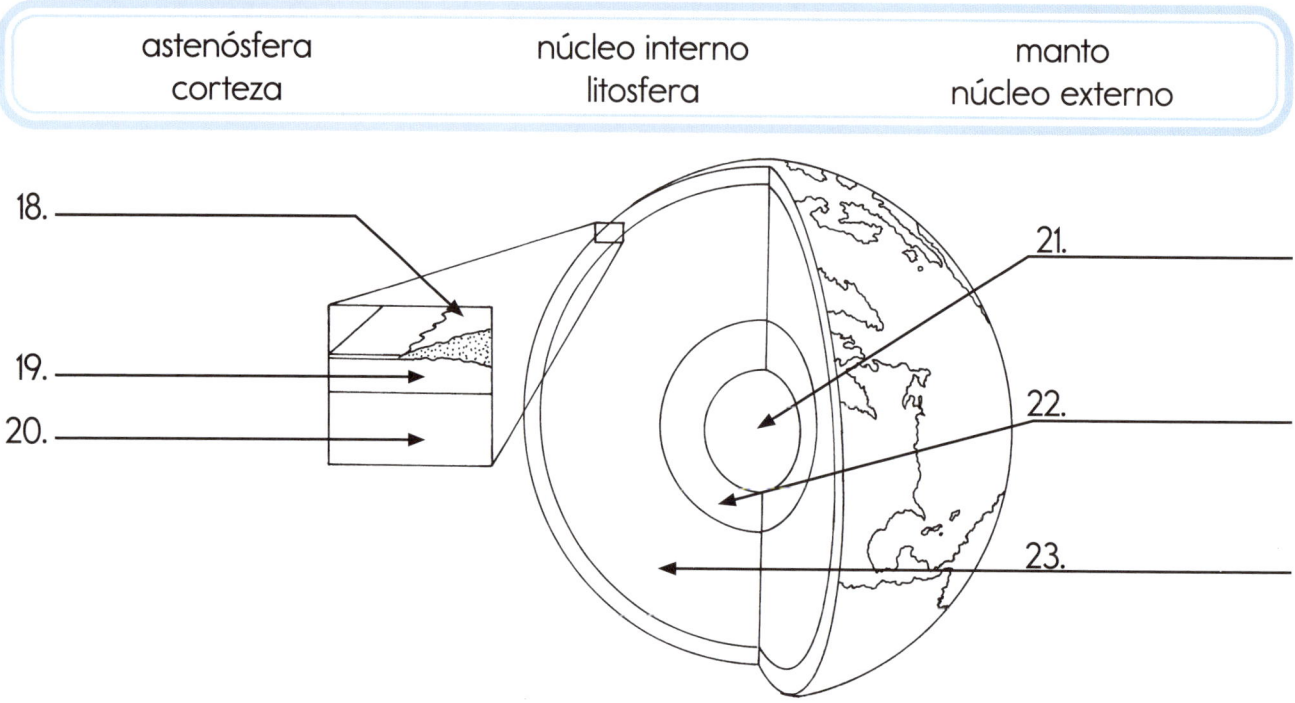

18. _____
19. _____
20. _____
21. _____
22. _____
23. _____

PRUEBA DE CARÁCTER: Haz una lista de cinco formas de mostrar integridad.

Medidas/Lengua y literatura

DÍA 11

Encuentra el área de cada círculo utilizando la fórmula A = πr². Utiliza 3.14 para pi (π). Redondea las respuestas al número entero más cercano.

1. 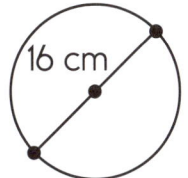 16 cm

2.  18 km

3. 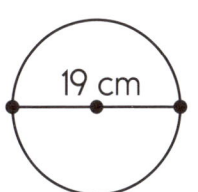 19 cm

4. 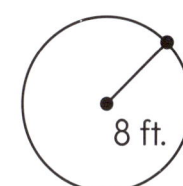 8 ft.

_____

5. 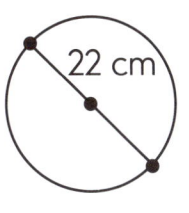 22 cm

6. 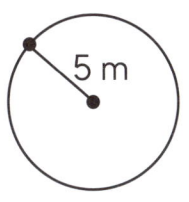 5 m

7. 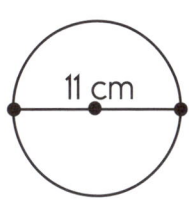 11 cm

8. 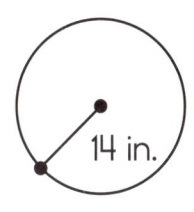 14 in.

_____

Sigue las instrucciones para escribir las comparaciones. Procura escribir en inglés.

9. Write a metaphor related to weather.
   _____

10. Write a simile that includes something related to the beach.
    _____

11. Write a sentence personifying something musical.
    _____

12. Write a metaphor that includes a sound or a noise.
    _____

13. Write a sentence personifying an animal.
    _____

14. Write a metaphor about a season.
    _____

15. Write a sentence personifying a piece of furniture.
    _____

DÍA 11

Lengua y literatura/Ciencia

Encierra en un círculo la letra que esté junto a la palabra que complete cada analogía.

16. Chapter : book :: act : _____.
    A. novel   B. comedy   C. play   D. sitcom

17. Thrifty : miserly :: smart : _____.
    A. cheap   B. foolish   C. gullible   D. brilliant

18. Waltz : dance :: oak : _____.
    A. acorn   B. tree   C. pine   D. tango

19. Reveal : divulge :: hide : _____.
    A. discover   B. imagine   C. conceal   D. inform

20. Stiff : flexible :: empty : _____.
    A. low   B. rigid   C. full   D. elastic

Una *falla* (fault) es una ruptura en la corteza terrestre causada por el movimiento. Hay tres tipos principales de fallas: *normales* (normal), *inversas* (reverse) y *de deslizamiento* (strike-slip). Etiqueta cada diagrama escribiendo el tipo de falla que representa. Utiliza recursos de referencia si necesitas ayuda.

21. Este tipo de falla es causada por fuerzas de tensión.
    _____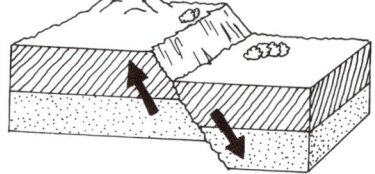

22. Este tipo de falla es causada por fuerzas de corte.
    _____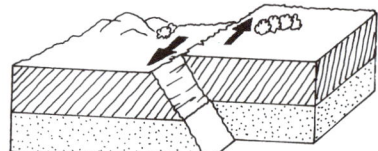

23. Este tipo de falla es causada por fuerzas de compresión.
    _____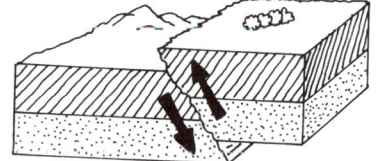

DATO: El árbol vivo más antiguo que se conoce en el mundo, una conífera de Suecia, tiene un sistema de raíces que lleva creciendo más de 9 500 años.

Medidas/Lengua y literatura

DÍA 12

Aumenta cada rectángulo con un factor de escala de 2. Luego, encuentra el área (A) y el perímetro (P) usando las nuevas medidas.

1.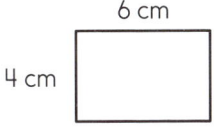

    A = _____   P = _____

2.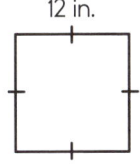

    A = _____   P = _____

3.

    A = _____   P = _____

4.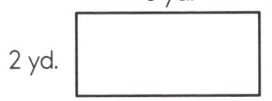

    A = _____   P = _____

5.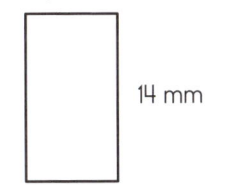

    A = _____   P = _____

6.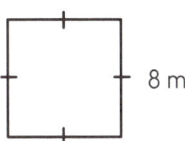

    A = _____   P = _____

Busca cada palabra en un diccionario en línea o impreso. Encierra en un círculo la sílaba acentuada. A continuación, escribe en la línea y en inglés su *categoría gramatical* (part of speech) y su definición. Si tiene más de una definición y categoría gramatical, utiliza la primera que aparezca.

7. benevolent _____

8. correlate _____

9. synopsis _____

10. indisputably _____

11. psoriasis _____

12. abrasion _____

13. amiable _____

DÍA 12

Lee el pasaje. A continuación, responde las preguntas.

Giant Superstars

In December 2000, two giant pandas arrived in the United States from China. The pair was delivered to the National Zoo in Washington, D.C. Their names are Mei Xiang (may SHONG) and Tian Tian (t-YEN t-YEN). In July 2005, Mei Xiang and Tian Tian had a cub. When he was 100 days old, he was given the name Tai Shan (tie SHON), which means "peaceful mountain." Eight years later, the couple added to the family again. A female cub named Bao Bao, or "treasure," was born in August of 2013.

The pandas' exhibit has both indoor and outdoor areas where they can roam freely. Because pandas dislike hot, humid weather, the outdoor habitat is air-conditioned. Visitors can watch the pandas graze on bamboo shoots, apples, carrots, and special biscuits.

Giant pandas are rare and have always been popular in zoos. Only about 1,600 remain in the wild. They live in the mountain forests in China. Pandas face dangers from poachers and the destruction of their habitats. The Chinese government has made a tradition of loaning or giving pandas to other countries as a symbol of friendship. This new pair of pandas is on loan to the United States. The United States must pay a $1 million per year "rental fee" for Mei Xiang and Tian Tian.

14. Why do you think giant pandas are among the most popular attractions at zoos throughout the world? _____

15. Describe the pandas' exhibit at the National Zoo. _____

_____

_____

16. Why does the Chinese government loan or give pandas to other countries?

_____

_____

17. How does the author organize information in the passage? Is the transition from information about specific pandas to pandas in general effective? Explain.

_____

_____

_____

Medidas/Puntuación

DÍA 13

Encuentra la longitud de la arista que falta.

1. $V = 375$ m^3

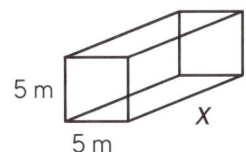

$x = $ _____

2. $V = 1{,}056$ m^3

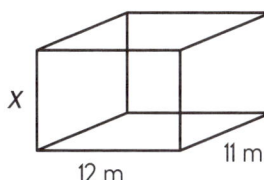

$x = $ _____

3. $V = 2{,}340$ cm^3

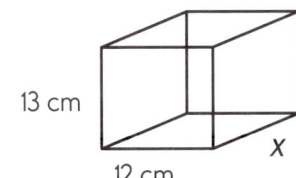

$x = $ _____

4. $V = 280$ ft.^{3}

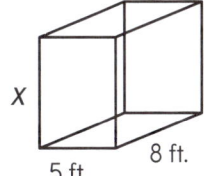

$x = $ _____

Escribe comas (,) y puntos y comas (;) donde sea necesario en cada oración.

5. Marcy forgot to bring a suitcase Mindy remembered.

6. So far this month, John has traveled to Jackson Mississippi Tallahassee Florida and Nashville Tennessee.

7. Casey looked forward to the weekend his uncle was coming to visit.

8. Jonah's class made lunch for Mr. Burns the custodian Mrs. Fry the head cook and Miss Bookman the librarian.

9. Sometimes we stay late after practice however we leave when the coach goes home.

ACONDICIONAMIENTO FÍSICO:
Haz 10 saltos de tijera.

* Ve la página ii.

DÍA 13

Lengua y literatura/Desarrollo del carácter

Encierra en un círculo la letra junto a la palabra que complete cada analogía.

10. Sour : lemon :: sweet : _____.
    A. cake   B. water   C. flowers   D. rice

11. Vine : grapes :: tree : _____.
    A. bird   B. nuts   C. lumber   D. swing

12. Sip : beverage :: chew : _____.
    A. food   B. water   C. dirt   D. fork

13. Vegetable : corn :: candy : _____.
    A. yellow   B. wrapper   C. eat   D. peppermint

14. Song : songwriter :: book : _____.
    A. author   B. person   C. singer   D. agent

Entrevista sobre la perseverancia

La *perseverancia* (perseverance) significa no rendirse aunque algo sea difícil de hacer. Habla con los miembros de tu familia sobre la perseverancia. Anímalos a que te hablen de personas que conozcan y que demuestren la cualidad de la perseverancia.

Elige una persona que tu familia haya mencionado. Ponte en contacto con esa persona y pregúntale si puedes hacerle una entrevista. Hazle preguntas específicas que te ayuden a entender los retos que superó la persona para tener éxito. Después de la entrevista, elige una de las siguientes opciones como una manera de compartir tu agradecimiento con la persona que entrevistaste.

A. Escribe una nota a la persona destacando lo que aprendiste y de qué manera su historia de perseverancia te conmovió personalmente.

B. Haz un cartel que destaque los logros de esa persona. Incluye un lema apropiado que puedas utilizar en tu propia vida

DATO: El pez *barreleye* del Pacífico tiene la cabeza transparente.

Medidas/Puntuación

DÍA 14

Básate en el volumen para encontrar la longitud de las *aristas* (edges) de cada cubo.

1.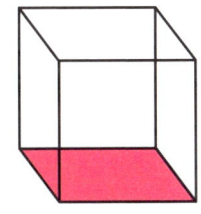
   V = 125 cm³
   lado = _____

2.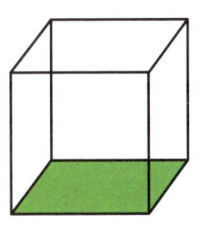
   V = 8 ft.³
   lado = _____

3.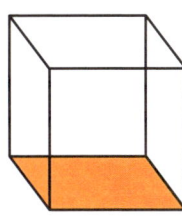
   V = 343 yd.³
   lado = _____

4.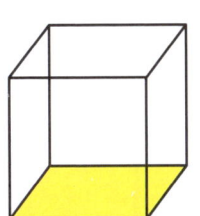
   V = 1,000 mm³
   lado = _____

5.
   V = 1,728 in.³
   lado = _____

6.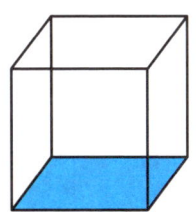
   V = 1 m³
   lado = _____

Escribe dos puntos donde sean necesarios en cada frase u oración.

7. At 3 00 P.M., everyone in class needs to take the following items to the auditorium a pencil, an eraser, and a notebook.

8. To Whom It May Concern

9. I need a few things to make a new recipe corn, tomatoes, onions, black beans, and cilantro.

Escribe una oración que incluya una cita directa. El inicio de la oración ya está escrito. Recuerda añadir dos puntos donde sea necesario.

One of my favorite songs begins with _____

_____

_____

DÍA 14

Acertijos/Escritura

Jayla, Judy, Chuck y Bill tienen diferentes trabajos: socorrista, abogado, piloto y profesor. Cada uno conduce un vehículo diferente: camioneta, moto, bicicleta o auto. Utiliza la tabla y las pistas para determinar el trabajo y el vehículo de cada persona.

- Jayla tiene miedo a volar.
- Judy llega a su oficina en un vehículo de dos ruedas.
- Chuck suele pasar cada día por dos o tres estados para ir al trabajo.
- La persona que hace de socorrista también conduce la camioneta.
- Un hombre va en bicicleta a su trabajo.
- Un hombre necesita un gran maletero para llevar los trabajos calificados entre su casa y su sitios de trabajo.

	Socorrista	Abogado	Piloto	Profesor
Jayla				
Judy				
Chuck				
Bill				

Imagina que una familia de otro país visita tu pueblo o ciudad. ¿Qué deberían ver? ¿A dónde deberían ir? Crea un itinerario de cinco días para que la familia explore los lugares de interés de tu pueblo o ciudad. Utiliza una hoja aparte si necesitas más espacio. Procura escribir en inglés.

_____
_____
_____
_____
_____

ACONDICIONAMIENTO FÍSICO: Trota en un mismo lugar durante 30 segundos.

* Ve la página ii.

Proporciones/Mayúsculas y puntuación

DÍA 15

Despeja (solve) cada variable.

1. $\dfrac{5}{6} = \dfrac{n}{36}$
2. $\dfrac{3}{8} = \dfrac{x}{24}$
3. $\dfrac{5}{7} = \dfrac{b}{42}$
4. $\dfrac{8}{9} = \dfrac{p}{63}$

n = _____   x = _____   b = _____   p = _____

Utiliza proporciones iguales para resolver cada problema.

5. La tienda de comestibles Dollar-Mart vende 6 pastillas de jabón por 1.00 dólar. ¿Cuántos jabones puede comprar un cliente con 9.00 dólares?

6. El equipo de fútbol de Kelsey anotó 5 puntos en 2 partidos. A este ritmo, ¿cuántos puntos anotará el equipo en 16 partidos?

7. La familia O'Neil está conduciendo a 60 millas por hora. Si siguen conduciendo a esta velocidad, ¿cuántas millas conducirán en 4 horas?

Escribe la abreviatura de cada palabra. Añade puntos cuando sea necesario.

8. Mister _____
9. ounce _____
10. yard _____
11. Company _____
12. Captain _____
13. inch _____
14. Association _____
15. Avenue _____
16. et cetera _____
17. Doctor _____
18. Missus _____
19. feet _____
20. Street _____
21. pound _____
22. Junior _____
23. Incorporated _____
24. Senior _____
25. Boulevard _____
26. United States _____
27. General _____
28. Professor _____

DÍA 15

Lee el pasaje. Después, responde las preguntas.

Matthew Henson

The man stood in the cold, white world, waiting for the other sleds to arrive. Suddenly, he realized that he was standing farther north than any other person in history.

The explorer was an African American man named Matthew Henson. He was on an expedition with Robert Peary to the North Pole, but it was not the first time Henson had made this journey. He had worked for Peary for more than 20 years. He had been with Peary all of the times the explorer had tried to make it to the North Pole and failed. In 1908, Peary decided to try one last time. He insisted that Henson go with him.

Matthew Henson was of great help to Peary. He knew how to survive in the Arctic. He became friends with the native inhabitants and learned their language. He used their information to help him plan the final expedition. Henson's plans with Peary were precise. The team put **caches**, or stockpiles, of food in igloos along the trail. They would use this food on their way back after they ran out of supplies from the sleds. Henson was the best driver of the dog teams, so he took the lead and broke the trail. This time, the team was successful. On April 6, 1909, Matthew Henson stood with Peary and their crew at the northernmost place on Earth.

29. What does the word *caches* mean in the passage? _____

30. Number the events in the order they happened.

    _____ Robert Peary says that he will make one more trip to the Arctic.

    _____ Matthew Henson starts working for Robert Peary.

    _____ Matthew Henson carefully plans the final trip to the North Pole.

    _____ Matthew Henson stands at the North Pole for the first time.

31. When did Henson reach the northernmost place on Earth? _____

32. What role did the native inhabitants of the area play in Peary's and Henson's successful expedition? _____

PRUEBA DE CARÁCTER: Por la noche, comenta con un adulto cómo demostraste hoy tu honestidad.

Geometría/Tipos y estructura de la oración

DÍA 16

Dibuja cada polígono según las condiciones dadas.

1. Un cuadrilátero con 1 par de lados paralelos y 2 lados congruentes.

2. Un polígono regular con 6 lados congruentes.

3. Un polígono con 1 ángulo recto y 2 ángulos agudos.

4. Un cuadrilátero con 2 pares de lados paralelos y 4 lados congruentes.

Identifica cada frase como *simple* (S), *compuesta* (compound) (C), *compleja* (complex) (CX) o *compuesta-compleja* (compound-complex) (CCX).

5. _____ Amelia planned to do her report on Georgia O'Keeffe, but she ended up switching her topic to Frida Kahlo.

6. _____ Have you visited Mount Rushmore in South Dakota?

7. _____ Although Talesha had overdue fines at the library, she was still able to check out her books, and she planned to return the next day to pay the fines.

8. _____ Sam and Neil helped the girls decorate the gym for the dance.

9. _____ Not only are cockroaches household pests, studies show that the majority of these insects carry bacteria that can cause food poisoning.

10. _____ Are you ordering seafood tonight, or are you planning to choose a vegetarian dish?

11. _____ Despite the severe storm warning, the concert has not been canceled.

12. _____ The anaconda is a type of South American water snake.

DÍA 16

Álgebra/Ciencia

Escribe y resuelve una ecuación para cada problema.

13. Nola irá con sus compañeros de clase a una excursión de una noche. El costo de la excursión es de 45 dólares por alumno. El precio incluye 21 dólares para cubrir el costo del hotel. Nola también recibirá tres boletos de comida. Cada boleto de comida cuesta la misma cantidad. ¿Cuánto cuesta cada boleto de comida?

    ecuación: _____

    costo de cada boleto de comida: _____

14. Melinda vende bebidas en un partido de fútbol. Primero, paga a un vendedor 30 dólares por una bandeja de 24 refrescos. Luego, vende los refrescos en las gradas. Obtiene 42 dólares de beneficio por cada bandeja de refrescos que vende. ¿Cuánto cobra Melinda por cada refresco?

    ecuación: _____

    costo de cada refresco: _____

Escribe la letra de cada término junto a su definición.

15. _____ Agua en forma de lluvia, nieve, aguanieve o granizo cae de las nubes hacia la superficie de la Tierra.

16. _____ El proceso por el cual se forman las nubes al enfriarse el vapor de agua y transformarse en gotas de agua.

17. _____ Cómo se mete el agua en la tierra.

18. _____ Agua que fluye sobre la tierra y hacia arroyos, ríos u océanos.

19. _____ El proceso por el cual el agua en la superficie de la Tierra se convierte de líquido a vapor.

20. _____ La evaporación del agua hacia la atmósfera desde las hojas y tallos de las plantas.

A. condensación

B. evaporación

C. infiltración

D. precipitación

E. escorrentía

F. transpiración

DATO: La temperatura promedio de la Antártida en verano es de 35.6 °F (2°C).

Encuentra la medida del ángulo que falta en cada triángulo. Luego, clasifica el ángulo como *agudo* (acute), *recto* (right) u *obtuso* (obtuse).

1.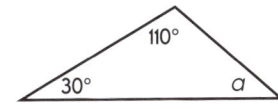

   a = _____

2.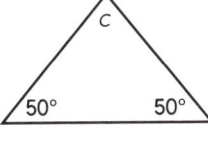

   c = _____

3.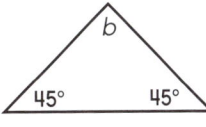

   b = _____

4.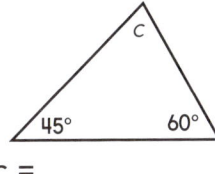

   c = _____

5.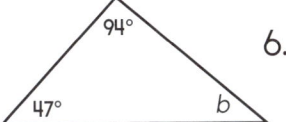

   b = _____

6.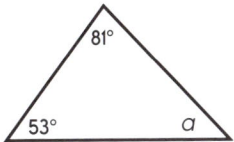

   a = _____

7.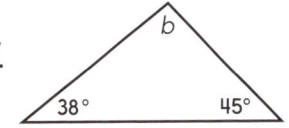

   b = _____

8.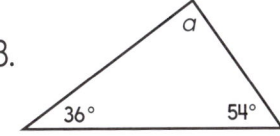

   a = _____

Escribe la letra de cada frase junto a la oración que explique su significado.

9. A. Stop that girl Meg.
   B. Stop that girl, Meg.

   _____ You are asking someone to stop a girl named Meg.
   _____ You are asking Meg to stop a girl.

10. A. I will ask, Jade.
    B. I will ask Jade.

    _____ You are telling Jade you will ask someone a question.
    _____ You will ask Jade a question.

11. A. Help them push Kendall.
    B. Help them push, Kendall.

    _____ You are asking Kendall to help others push something.
    _____ You are asking someone to help push Kendall, possibly on a sled or swing.

12. A. Call her Rebecca.
    B. Call her, Rebecca.

    _____ You are telling Rebecca to call another girl.
    _____ You are telling someone to call a girl by the name Rebecca.

DÍA 17

Lengua y literatura/Acondicionamiento físico

Encierra en un círculo la letra junto a la respuesta de cada pregunta acerca del uso de un diccionario.

13. The guide words are *justice* and *juvenile*. Locate the word *just*.
    A. previous page
    B. this page
    C. next page

14. The guide words are *wonder* and *woodsy*. Which word is not on the page?
    A. wood
    B. won
    C. woodchuck

15. Look at the guide words. On which page will you find the word *frugal*?
    A. froth-fruit
    B. fuji-funny
    C. full-fumble

16. The guide words are *yearbook* and *yellow jacket*. Which word is on the page?
    A. yellow
    B. year
    C. yelp

17. Which word will be last on the page?
    A. payable
    B. payee
    C. pay

18. Which word will be first on the page?
    A. halfpenny
    B. half
    C. halfway

19. The guide words are *sealant* and *seatrain*. Which word is not on the page?
    A. seat
    B. seem
    C. search

20. The guide words are *applesauce* and *apply*. Which word is on the page?
    A. appreciate
    B. application
    C. apple

Rutina de levantamiento de rodillas

¿Te has preguntado alguna vez cómo un jugador de fútbol americano adquiere la velocidad y la agilidad necesarias para correr entre los rivales y anotar? Pues bien, ¡hace con regularidad la rutina de levantamiento de rodillas! Comienza colocando cinco objetos blandos en una fila, separados por cinco pies aproximadamente. A continuación, con las rodillas en alto y la mirada al frente, corre a toda velocidad sobre cada objeto. Para un desafío adicional, intenta correr llevando una pelota. Establece objetivos mensuales para aumentar el número de veces que haces este ejercicio y observa cómo mejoran tu velocidad y tu resistencia.

ACONDICIONAMIENTO FÍSICO: Salta sobre tu pie derecho por 30 segundos.

* Ve la página ii.

Geometría/Tipos y estructuras de la oración

DÍA 18

Utiliza el diagrama para responder a cada pregunta.

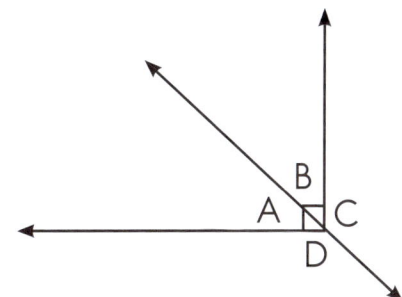

1. m∠A + m∠B = _____

   Estos se llaman ángulos _____ .

2. m∠D + m∠ _____ = 180°

   Estos se llaman ángulos _____ .

Utiliza el diagrama para responder a cada pregunta.

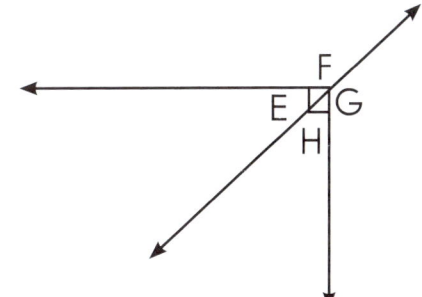

3. Si m∠H = 43°,

   m∠E = _____

   m∠G = _____

   m∠F = _____

4. Si m∠G = 132°,

   m∠H = _____

   m∠E = _____

   m∠F = _____

Sigue las indicaciones para escribir oraciones.

5. Write a simple sentence. _____

6. Write a complex sentence. _____

7. Write a compound sentence. _____

8. Write a compound-complex sentence. _____

DÍA 18

Comprensión lectora

Lee el pasaje. Después, responde las preguntas.

from *Black Beauty* by Anna Sewell

While I was young I lived upon my mother's milk, as I could not eat grass. In the daytime I ran by her side, and at night I lay down close by her. When it was hot we used to stand by the pond in the shade of the trees, and when it was cold we had a nice warm shed near the grove.

As soon as I was old enough to eat grass my mother used to go out to work in the daytime, and come back in the evening.

There were six young colts in the meadow besides me; they were older than I was; some were nearly as large as grown-up horses. I used to run with them, and had great fun; we used to gallop all together round and round the field as hard as we could go. Sometimes we had rather rough play, for they would frequently bite and kick as well as gallop.

One day, when there was a good deal of kicking, my mother whinnied to me to come to her, and then she said:

"I wish you to pay attention to what I am going to say to you. The colts who live here are very good colts, but they are cart-horse colts, and of course they have not learned manners. You have been well-bred and well-born; your father has a great name in these parts, and your grandfather won the cup two years at the Newmarket races; your grandmother had the sweetest temper of any horse I ever knew, and I think you have never seen me kick or bite. I hope you will grow up gentle and good, and never learn bad ways; do your work with a good will, lift your feet up well when you trot, and never bite or kick even in play."

9. From whose point of view is this passage told? How does using this point of view contribute to the story? _____

10. What is the setting for this selection? _____

11. According to his mother, how is Black Beauty different from the other colts he plays with? _____

12. Go to the library and borrow an audio version of *Black Beauty*. Or, look for a movie version. Listen to the story or view the film. How is your experience different from reading a passage from the book? On a separate sheet of paper, compare and contrast your experiences.

DÍA 19

Acertijos/Puntuación

Observa las disposiciones de puntos de 3 x 3 que aparecen a continuación. ¿Cuántos cuadrados se pueden hacer con 9 puntos si utilizas los puntos para marcar sus esquinas? Utiliza las cuadrículas de abajo para mostrar todos los cuadrados que puedes hacer. Pista: Hay más de 5 cuadrados.

Añade o elimina los signos de puntuación donde sea necesario en el párrafo.

School Newspaper Survey

Our school newspaper (*The Bobcat Times* took a survey last week The results were published today. The first survey question was What's your favorite movie. Two fifths of the students preferred big surprise—*March of the Penguins*. The girls favorite film was *The Incredibles* the boys favorite was *Harry Potter and the Chamber of Secrets*. The second survey question was What's your favorite poem?" The sixth grade students' favorites were the following Toothpaste by Michael Rosen "The Honey Pot" by Alan Riddell and Mean Song" by Eve Merriam.

DÍA 19

Escribe el mejor recurso a utilizar para cada tarea.

1. locate the pronunciation of *scrivener* _____
2. find a different word for *excellent* _____
3. determine the continent(s) that border(s) Asia _____
4. find more than 15 definitions for *run* _____
5. find the definition of *scalene* in your math book _____
6. locate the pages in your science book that refer to plant roots _____
7. gather information about castles for your class report _____
8. find the definition of *genealogy* in your social studies book _____
9. label the countries of South America on a map _____
10. find seven facts about roller coasters _____

Si pudieras añadir un día festivo al calendario que todos usan en tu país, ¿cuál sería? ¿Cuándo sería y cómo se celebraría? Usa una hoja aparte si necesitas más espacio.

_____
_____
_____
_____
_____
_____
_____

ACONDICIONAMIENTO FÍSICO: Salta en tu pie izquierdo diez veces.

* Ve la página ii.

Resolución de problemas/Lengua y literatura

DÍA 20

Resuelve cada problema. Dibuja y rotula tus respuestas en el espacio previsto.

1. Phoebe tiene 9 rocas. Coloca las rocas en 3 cajas. Cada caja tiene 1 roca más que la caja anterior. ¿Cuántas rocas hay en cada caja?

2. Alyssa tiene 4 cajas que contienen un total de 30 semillas. Tres de las cajas contienen el mismo número de semillas. La cuarta caja contiene la suma de las otras 3 cajas. ¿Cuántas semillas hay en cada caja?

Utiliza un diccionario de sinónimos impreso o en línea para encontrar un sinónimo de cada una de las siguientes palabras.

3. originate _____
4. preposterous _____
5. sustenance _____
6. mandate _____
7. obtrusive _____
8. rebuke _____
9. sinister _____
10. contemplate _____
11. deviate _____
12. enigma _____

DÍA 20

Lengua y literatura/Estudios sociales

Encierra en un círculo la letra del recurso más adecuado para cada tarea.

13. In which reference book would you find the best map of your country?
    A. dictionary   B. atlas   C. thesaurus

14. In which reference book would you find the definition of the word *congregate*?
    A. dictionary   B. atlas   C. encyclopedia

15. In which reference book would you find information about the history and economy of Honduras?
    A. dictionary   B. thesaurus   C. encyclopedia

16. In which reference book would you find what time the sun will rise tomorrow?
    A. dictionary   B. almanac   C. atlas

Del banco de palabras elige la palabra que corresponda a cada descripción.

| demanda | ganancia | inflación | escasez | oferta |

17. La cantidad de un bien o servicio que la gente quiere y puede comprar a un determinado precio: _____

18. Un incremento en el costo promedio de bienes y servicios: _____

19. La cantidad de un producto disponible para la venta: _____

20. Cuando no hay suficientes bienes y servicios disponibles para cubrir la demanda: _____

21. La cantidad de dinero que una compañía obtiene después de pagar los insumos, recursos y costes generales: _____

PRUEBA DE CARÁCTER: Ten un gesto de consideración por un amigo o familiar hoy, como ayudarle a doblar la ropa o a sacar la basura.

Experimento científico

EXTRA

El efecto Doppler

¿Por qué el sonido de un timbre cambia cuando el timbre se aleja o se acerca?

¿Te has dado cuenta de que es diferente el sonido de un auto cuando se acerca al que hace después de pasar? Esto se debe a que las ondas sonoras producidas por el auto tienen una mayor frecuencia a medida que el auto se acerca a ti y una frecuencia más baja a medida que se aleja de ti. de ti. Esto se llama efecto Doppler. En esta actividad, demostrarás el efecto Doppler.

Qué necesitas:
- un timbre pequeño
- grabadora de audio
- cubeta plástica con agua
- una piedra

Procedimiento:
Coloca el timbre frente a la grabadora de audio. Enciende el timbre y graba el sonido. Reproduce la grabación para asegurarte de que suena igual que el sonido original del timbre.

Vuelve a grabar el sonido del timbre. Esta vez, acerca y aleja el timbre de la grabadora varias veces. Reproduce la grabación y escucha cómo el tono del timbre (el tono alto o bajo de un sonido) cambia durante la grabación.

1. Describe la diferencia entre la primera grabación y la segunda.

   _____
   _____

Arroja la piedra en la cubeta con agua. Observa las ondas en el agua. Estas ondas muestran lo que ocurre cuando algo hace un sonido y el aire vibra. Las ondas sonoras se propagan en todas las direcciones, como las ondas del agua. Estas ondas se parecen a las ondas sonoras generadas por el timbre cuando lo mantuviste frente a la grabadora.

Pasa los dedos por la superficie del agua. Estas ondulaciones se parecen a las ondas sonoras cuando movías el timbre acercándolo y alejándolo de la grabadora. Las ondas sonoras cerca del timbre están más cerca, lo que hace que el tono del sonido sea más alto. Cuando el timbre está más lejos de la grabadora, las ondas sonoras están más separadas y el tono es más bajo.

2. Describe en qué se diferencian las ondas creadas al dejar caer la piedra en el agua de las creadas al pasar tus dedos por el agua.

   _____
   _____

EXTRA

Experimento científico

El funcionamiento de los «destiladores» solares

¿Qué es un destilador solar? ¿Cómo funciona un destilador solar?

La energía solar es un recurso renovable porque a diferencia de recursos energéticos como el petróleo y el carbón, se repone rápidamente. La energía renovable puede ayudar a resolver problemas medioambientales, como las sequías. En algunas zonas costeras donde hay poca agua dulce para beber y cultivar, la gente utiliza un dispositivo llamado destilador solar para producir agua dulce. En esta actividad, crearás un destilador solar y descubrirás cómo funciona.

Qué necesitas:
- vaso medidor de vidrio transparente
- cuchara pequeña
- vaso grande de plástico
- envoltura plástica
- piedra pequeña
- agua
- sal
- vaso pequeño de papel
- banda elástica

Procedimiento:

Llena el vaso medidor con 8 onzas (0.24 L) de agua y 1-2 cucharaditas (4.9-9.8 mL) de sal. Remueve el agua y la sal hasta que esta se disuelva. Introduce el dedo en el agua y pruébala.

Vierte aproximadamente 2 onzas (1/4 de taza) de agua salada en el vaso grande de plástico. Coloca el vaso de papel pequeño dentro del vaso grande para que flote. A continuación, cubre el vaso grande con papel plástico y asegúralo bien con la banda elástica. Coloca la piedra pequeña en medio de la envoltura plástica para que se hunda ligeramente. No permitas que la piedra toque el agua salada ni rasgues la envoltura plástica.

Coloca los vasos en un lugar soleado y revísalos al cabo de unas horas. Anota tus observaciones en las líneas. Después de unos días, comprueba los vasos retirando la envoltura plástica. Anota tus observaciones. Sumerge el dedo en el agua de la taza pequeña y pruébala.

Observaciones:

1. ¿Cómo se utilizó la energía solar en esta actividad? _____

2. ¿Cómo podría utilizarse este método a mayor escala? _____

© Carson Dellosa Education

Actividades de estudios sociales

EXTRA

¡Directo a la fuente!

¿Qué fuentes primarias creas cada día?

Una fuente primaria proporciona información sobre un acontecimiento a partir de alguien que estaba presente cuando se produjo ese acontecimiento. Las cartas, las fotografías, los diarios, los artefactos y las imágenes de las noticias son ejemplos de fuentes primarias. Probablemente creas varias fuentes primarias cada día, ¡a veces sin darte cuenta!

1. Enumera cinco actividades en las que hayas participado durante las últimas 24 horas. Al lado de cada actividad, escribe cualquier prueba, como recibos de compras, que tengas. _____
_____
_____
_____

2. Enumera cualquier registro personal que hayas creado, como mensajes de texto, una publicación en las redes sociales o una fotografía. _____
_____

3. ¿Tus actividades se mencionan en una fuente primaria, como el diario de un amigo, un registro gubernamental o el periódico local? Si es así, enumera las fuentes que mencionarían tus actividades. _____
_____

4. Observa tus respuestas a las preguntas 1 a 3. A partir de estas pruebas, ¿qué conclusiones o inferencias podrían hacer los futuros historiadores sobre tu día?
_____

5. ¿Por qué es importante crear registros escritos? _____
_____

Actividad de estudios sociales

EXTRA

La era de las exploraciones

La era de las exploraciones comenzó en el siglo 15 y duró unos 200 años. Esta época fue abundante en descubrimientos. Los exploradores viajaron en busca de oro, de otros socios comerciales e incluso de la fuente de la juventud. Navega por la cuadrícula de abajo coloreando las casillas con nombres de exploradores de esta época de la historia.

Cristóbal Colón	Vasco da Gama	Julio César	Amelia Earhart	Coronel Sanders
Guccio Gucci	Samuel de Champlain	Juan Ponce de León	Sir Francis Drake	Elizabeth Windsor
Abraham Lincoln	Drake Francis	Dr. Martin Luther King, Jr.	John Cabot	Paul Revere
Clara Barton	Ulysses S. Grant	Samuel Hudson	Marco Polo	Benjamin Franklin
George Washington	Arthur Ashe	Harriet Tubman	Américo Vespucio	Leif Eriksson

Actividad de estudios sociales

EXTRA

Hombres y mujeres del Renacimiento

La palabra renacimiento es sinónimo de «redescubrimiento». La época del Renacimiento, que siguió a la Edad Media, marcó un gran cambio cultural, especialmente en los campos de la ciencia, las artes, la religión y la arquitectura. A continuación se indican los nombres de algunos de los grandes protagonistas del Renacimiento en sus respectivos campos. Escribe sus nombres en las categorías correctas que aparecen a continuación. Luego, investiga y escribe en las líneas proporcionadas tres datos sobre una de las personas.

> Blaise Pascal Catalina de Médici Dante Alighieri
> Isabel I Galileo Galilei Geoffrey Chaucer
> Enrique VII Tomás Moro Isaac Newton
> Johannes Gutenberg John Calvin Leonardo da Vinci
> Martín Lutero Miguel Ángel Nicolás Copérnico
> Peter Henlei Sofonisba Anguissola William Shakespeare

1. artistas

    _____
    _____
    _____

2. científicos

    _____
    _____
    _____

3. escritores

    _____
    _____
    _____

4. líderes religiosos

    _____
    _____
    _____

5. realeza

    _____
    _____
    _____

6. inventores

    _____
    _____
    _____

_____
_____
_____
_____
_____

EXTRA

Actividades de estudios sociales

¡Vamos afuera!

Sal a caminar por tu vecindario. Lleva una pluma y una libreta contigo. Haz pausas periódicas para escribir notas acerca de lo que has hecho, visto y escuchado. Revisa tus notas al volver a casa. Después, escribe un resumen de 50 palabras acerca de tu paseo. Luego, recorta tu resumen para que tenga 30 palabras. Asegúrate de mantener las ideas principales. ¿Puedes recortar tu resumen a 20 o 10 palabras?

Contacta a la planta de tratamiento de agua de tu comunidad. Averigua qué tours ofrecen. Haz una cita junto con un miembro de tu familia para tomar el tour. Lleva una pluma y una libreta. Destaca los pasos en el proceso de trata de agua para el consumo en la comunidad. Después del tour haz un gráfico que muestre el proceso. Comparte el gráfico con tus amigos. Además, escribe una nota a la planta de tratamiento de agua destacando lo que aprendiste y agradeciéndoles por el tiempo que se tomaron para darles el tour.

Visita la biblioteca o haz una búsqueda en línea sobre la escasez de agua en varios países en desarrollo. ¿Qué tipo de problemas causa la escasez de agua? ¿Cuáles soluciones se están usando para suministrar agua potable a las personas de estos países?

Habla con un miembro de la familia sobre planificar una ida a un evento local de deportes. Piensa en cuántas personas se necesitan para organizar un juego o partido. Cuando el día llegue, lleva una pluma y una libreta contigo. Ponle atención a las personas que trabajan en el evento, así como a los espectadores. Después del partido, escribe un párrafo sobre las personas que estuvieron y los roles que desempeñaron.

Sección 1

Día 1/Página 3: 1. 5,233; 2. 33; 3. 49,378; 4. 64,746; 5. 177,261; 6. 2,473,515; 7. 1.38; 8. 154.66; 9. 1,578; 10. 329.57; 11. 1.3; 12. 0.65; 13.–18. Las letras verdes deben ser encerradas en un círculo. 13. ig**no**ble, not noble or honorable; 14. **spe**cious, having a false look of being fair or right; 15. **er**satz, an imitation that is not as good as the original; 16. de**ba**cle, a complete disaster; 17. co**lla**teral, related but of secondary importance; 18. de**mean**, to lower in character or status; 19. the act of punishing; 20. to vanish; 21. to soak before; 22. to wind again; 23. without color; 24. not sure; 5, 4, 1, 3, 2, 6

Día 2/Página 5: 1. $3^5 = 243$; 2. $7^2 = 49$; 3. $4^4 = 256$; 4. $2^6 = 64$; 5. $9^3 = 729$; 6. $10^8 = 100{,}000{,}000$; 7. $5^4 = 625$; 8. $8^4 = 4{,}096$; 9. $6^3 = 216$; 10. C; 11. F; 12. R; 13. C; 14. F; 15.–16. Las respuestas variarán.; 17. C; 18. C; 19. A; 20. A; 21. A; 17.–21. Las palabras variarán; 22. C; 23. F; 24. E; 25. D; 26. B; 27. I; 28. H; 29. G; 30. A

Día 3/Página 7: 1.–8. Las respuestas variarán.; 9. 3; 10. 5; 11. 8; 12. 48; 13. 9; 14. 12; 15. 15; 16. 9; Earth's crust is broken into huge pieces called tectonic plates. **These** plates include whole continents and sections of the ocean floor. Tectonic plates **are** shifting constantly. The uneven line where two plates meet is called a rift zone. **Earthquakes** often occur along rift zones. When part of a slowly moving plate **sticks** to an opposing plate at a point along the rift zone, pressure builds. The pressure rises behind the section until finally it gives way and moves. The shock from this sudden shift is like a stone tossed into a pond. It sends waves in all directions.; 17. C; 18. being careful about how much energy you use and trying to use less energy; 19. You could travel farther using less fuel.; 20. plastic, glass, paper, and metal; 21. turn off lights when leaving a room, unplug appliances and machines when everyone will be gone

Día 4/Página 9: 1. 6; 2. 5; 3. 8; 4. 7; 5. 7; 6. 3; 7. 9; 8. 4; 9. 5; 10. S; 11. H; 12. S; 13. P; 14. M; 15. M; 16. P; 17. P; 18. S; 19. H; 20. B; 21. A; 22. C; 23. C; 24. A; 20.–24. Las palabras variarán.; La escritura de los estudiantes variará.

Día 5/Página 11:

Nueces (x)	Frutos (y)
3	1
6	2
9	3
12	4
15	5

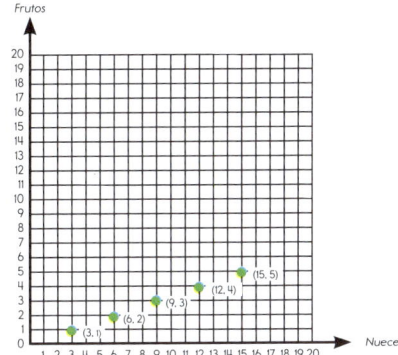

1. Gretchen, can you give me a hand?; 2. The mural was filled with splashes of blue, green, gold, and red.; 3. Mrs. Yim, my fourth-grade teacher, was always my favorite.; 4. You can either come to my house, or I will come to yours.; 5. Carla donated food, blankets, and clothing.; 6. "Please show me the way out of here," said Mia.; 7. I want to leave, but I am afraid that I will miss something.; 8. On Saturday, April 18, 2009, I went swimming in Crystal Creek.; 9. *prefijo* (prefix): mis, *raíz* (root word): fortune; 10. *prefijo* (prefix): re, *raíz* (root word): move; 11. *raíz* (root word): pain, *sufijo* (suffix): less; 12. *prefijo* (prefix): un, *raíz* (root word): usual; 13. *prefijo* (prefix): dis, *raíz* (root word): appear

Día 6/Página 13: 1. 6; 2. 8; 3. 15; 4. 12; 5. 24; 6. 30; 7. 30; 8. 36; 9. 28; 10.–18. Los estudiantes deberán encerrar en un círculo las palabras que aparecen en verde: 10. **The robin** is considered a sign of spring in the Midwest.; 11. **The Henderson family** moved into an apartment on the 14th floor.; 12. **I** read about the extra traffic that creates problems during the winter.; 13. **The US Open** is a prestigious tennis tournament.; 14. **Each member of the team** deserves a trophy for his participation and hard work.; 15. **Some rivers** flow in a northern direction.; 16. **Chang's family** went hiking in Yellowstone National Park.; 17. **Kelsey** adopted the tiny gray kitten from the animal shelter.; 18. **Nora, Quinn, and Scott** are going to the pool this afternoon.; 19.–23. Las respuestas variarán. Posibles respuestas: 19. Sam, a helicopter pilot, goes out one snowy night to rescue Boy Scouts who are stuck on a mountain.; 20. No, he doesn't let her know that he is concerned because he doesn't want to worry her.; 21. felt a wave of worry wash over him; 22. Isobel is someone accustomed to the nature of Sam's job, but she still worries about his safety. In the beginning, she says, "Who is it this time?" and then she questions Sam about the safety of the rescue.; 23. Las respuestas variarán.

Día 7/Página 15: 1. $\frac{1}{9}$, $\frac{3}{9}$; 2. $\frac{2}{6}$, $\frac{1}{6}$; 3. $\frac{25}{30}$, $\frac{12}{30}$; 4. $\frac{9}{24}$, $\frac{16}{24}$; 5. $\frac{3}{9}$, $\frac{4}{9}$; 6. $\frac{36}{45}$, $\frac{25}{45}$; 7. $\frac{14}{28}$, $\frac{12}{28}$; 8. $\frac{16}{24}$, $\frac{21}{24}$; 9. $\frac{18}{30}$, $\frac{25}{30}$; 10. Some, are; 11. gate, is; 12. Tucson, lies; 13. statue, stands; 14. Dodgers, Braves, Cardinals, are; 15.–19. Las respuestas variarán.; 20. prefix–mis-, root word–spell, suffix––ed; 21. prefix–dis-, root word–agree; 22. prefix–re-, root word–appear, suffix––ing; 23. root word–hope, suffix–less; 24. prefix–un-, root word–like, suffix––ly; 25. too funny for words; 26. small world after all; 27. deep in thought; 28. broken promise

Día 8/Página 17:

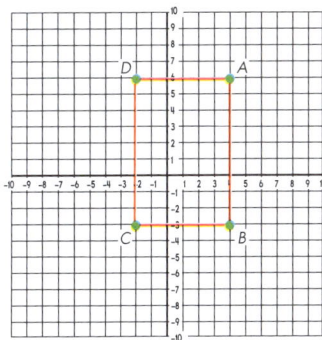

D (–2, 6); 1.–5. Los significados de los proverbios variarán. Posibles respuestas: 1. hand, Having something certain is better than taking a risk for something you might not get.; 2. fonder, When you are away from someone, you appreciate them more. 3. cloud, Something good can be found, even in bad situations.; greener, The things that other people have always look better than what you have. ; 5. Actions, The way you act is more meaningful than the things you say.; 6. social blunder; 7. street that is closed at one end; 8. summary of a person's accomplishments; 9. strength; 10. C; 11. D; 12. F; 13. A; 14. I; 15. E; 16. H; 17. B; 18. G

Día 9/Página 19: 1. 132; 2. 1,159.58; 3. 187; 4. 1,284; 5. 132.16; 6. 9,802.33; 7. 2,021; 8. 5,808.6; 9. 13,878.2; Every Monday, students in Mrs. Verdan's class **work** in pairs to complete math challenges. Each pair select**s** its own working space. Gregory and Lea **like** the table by the window. Lily and Masandra **take** the round table near the door. Mandy and Zoe **grab** the soft seats in the library corner. Each pair has 45 minutes to solve the puzzle. Most of them **finish** on time. They **share** their solutions with the whole class. Mrs. Verdan explain**s** the solution and answers

145

questions. Mrs. Verdan's students **enjoy** the weekly math challenges.; 10. B; 11. a Babylonian king who created the first set of laws; 12. so everyone in the kingdom would know what laws to obey; 13. a large slab of stone that was posted for all to see; 14. Las respuestas variarán.

Día 10/Página 21: 1. 30 botellas de agua; 2. 10 pulgadas; 3. 420 millas; 4. 15 goles; 5. between *calorie* and *digestion*; 6. A; 7. Posibles respuestas: proteins and fats; 8. a measure of the energy stored in food; 9. mug, gum; 10. diaper, repaid; 11. loop, pool; 12. tide, edit; 13. flow, wolf; Los paneles de la tira cómica variarán.

Día 11/Página 23: 1. –7, –5, –2, 0, 3, 7; 2. –5, –3, –2, 2, 3, 4; 3. –12, –1, 0, 5, 10, 11; 4. –8, –3, –2, 2, 5, 12; 5. 24; 6. 35; 7. 56; 8. 82; 9. 16; 10. 39; 11. $\frac{3}{7}$; 12. $\frac{8}{7}$; 13. $\frac{7}{11}$; 14. $\frac{4}{5}$; 15. $\frac{5}{16}$; 16. $\frac{7}{12}$; 17. flare; 18. smog; 19. crunch; 20. motel; 21. glimmer; 22. rosa de los vientos; 23. título; 24. leyenda; 25. escala

Día 12/Página 25: 1. 9.68; 2. 60.7; 3. 188.2; 4. 88.267; 5. 4.41; 6. 27.99; 7. 11.19; 8. 7.29; 9. 206.9; 10. 65.65; 11. 7.65; 12. 22.396; 13. A; 14. A; 15. C; 16. A; 17. C; 18. A; 19. C; 20. C; Pride is an abstract noun. Las explicaciones variarán.; 21. B; 22. A; 23. A; 24. B; 25. B; La escritura de los estudiantes variará.

Día 13/Página 27: 1. 9 pies; 2. 80 tazas; 3. 2 yardas; 4. 80 onzas; 5. 84 pulgadas; 6. 8 yardas; 7. 5 galones; 8. 4 cuartos de galón; 9. 144 pulgadas; 10. 3 libras; 11.–15. Las respuestas variarán. Posibles respuestas: 11. Although I don't like raw tomatoes, I do like spaghetti sauce.; 12. Mia brought spinach and artichoke dip to the potluck.; 13. Darren went to the pool at 10:00, and he went for a bike ride with Treyvon after lunch.; 14. Rebecca and Natalia play soccer on Tuesdays at 4:30.; 15. Uncle Ned picked peppers and tomatoes from his garden.; 16. *Land of Treasure* at Theater Town; 17. B; 18. Cinema 6

Día 14/Página 29: 1. 324; 2. Phillip: 108 cacahuates, Joy: 54 cacahuates, Brent: 81 cacahuates, Preston: 10 cacahuates; 3. Sidney couldn't do **anything** with her hair.; 4. Mateo didn't have **any** second thoughts about the decision he made.; 5. No, Celia didn't see **anyone** else at the market.; 6. Kevin could not **ever** see the road because of the heavy snow.; 7. Mia hasn't received **any** mail in more than a week.; 8. I didn't borrow **any** of the movies from Toni.; 9. A; 10. B; 11. A; 12. B; 13. A; La escritura de los estudiantes variará.

Día 15/Página 31: : 1. 100 – (y × 12) = 16 cuando y = 7; 2. b × (15 + 37) = 156 cuando b = 3; 3. 27 + (z ×12) = 87 cuando z = 5; 4. 135 ÷ (c × 5) = 3 cuando c= 9; 5. w2 × (12 ÷ 4) = 300 cuando w = 10; 6. (12 ×d) ÷ (25 – 19) = 4 cuando d = 2; 7. (x × 5) + 13 = 68 cuando x = 11; 8. neighbor, her; 9. guests, their; 10. lawyer, her; 11. Students, their; 12. anyone, he or she; 13. girl, her; 14. members, their; 15. B; 16. A; 17. B; 18. A; 19. A

Día 16/Página 33: 1. 15a; 2. 18x – 24; 3. 9g + 108; 4. 3w^2 – 8w; 5. 50 + 20m; 6. 39z; 7. 9y + 21; 8. 5b + 100; 9. 32c + 48; 10. 72d; 11. 7n^2 + 56; 12. 40 ÷ 18f; 13. I, our; 14. you, me, their; 15. his, her; 16. she, us; 17. me, it; 18. We, it, your; 19. I; 20. them; 21. we; 22. her, her; 23. C; 24. Its remains have turned to stone.; 25. bones, teeth, and/or shell; 26. to learn what the living animals or plants looked like; 27. All living things contain carbon, so scientists measure how much carbon is left in a fossil to determine its age.

Día 17/Página 35: 1. Variable dependiente: precio total de las naranjas, Variable independiente: número de libras compradas, Ecuación: $1.15 × número de libras = costo total de las naranjas; 2. Variable dependiente: altura total, Variable independiente: número de meses, Ecuación: 24 + (6 × número de meses) = altura total ; 3.–12. Los estudiantes deberán encerrar en un círculo las palabras que aparecen en verde: 3. **Their** → mom; 4. **Our** → house; 5. **Its** → handle; 6. **mine** → dog; 7. **Her** → socks; 8. **his** → parents; 9. **his** → house; 10. **My** → friend, **my** → opinion; 11. **hers** → sandwich; 12. **Their** → backyard; 13. N, barren; 14. P, calm; 15. P, honorable; 16. N, to mislead or abandon; 17. P, fearless; 18. Irlanda; 19. Rusia; 20. Alemania; 21. Austria; 22. Dinamarca; 23. Turquía; 24. Suecia; 25. Letonia; 26. Portugal; 27. Bielorrusia.

Día 18/Página 37: 1. 26; 2. 5 ; 3. 3; 4. 20; 5. 13; 6. 188; 7. 5; 8. 125; 9. Many; 10. others; 11. Someone; 12. few, several; 13. somebody; 14. either; 15. Anybody; 16. each; 17. both; 18. Some, others; 19. P, spends money carefully, N, stingy, unwilling to spend money; 20. N, fussy; P, specific about what is wanted; 21. N, aggressive; P, bold, confident; 22. N, disdainful, arrogant, P, feeling satisfied as a result of an achievement; 23. ambas; 24. planta; 25. ambas; 26. planta; 27. animal; 28. planta; 29. ambas; 30. animal; 31. ambas

Día 19/Página 39: 1. y = 3; 2. x = 16; 3. v = 10; 4. m = 17; 5. q = 115; 6. r = 56; 7. w = 8; 8. z = 36; 9. a = 42; 10. y = 8; 11. g = 60; 12. c = 5; 13. herself; 14. themselves; 15. myself; 16. himself; 17. yourself; 18. himself; 19. itself; 20. myself; 21. polyps; 22. off the coast of northeast Australia; 23. B, C; 24. having too many organisms living in an area; 25. people visiting the reef, changes in the environment, and harmful animals; 26. The author thinks the Great Barrier Reef is a natural treasure that should be protected. This can be seen in phrases such as "wonders of the world," "fragile," and "carelessness."

Día 20/Página 41: 1. Valor más bajo: 77, Valor más alto: 99, Dispersión: 22, Valor central: 88; 2. Valor más bajo: 24, Valor más alto: 84, Dispersión: 60, Valor central: 52; 3. Valor más bajo: 9, Valor más alto: 22, Dispersión: 13, Valor central: 15; **Whoever** forgot to return the scissors should bring **them** back to the art room. A few pairs were missing from the room after our meeting. In the future, **no one** will be allowed to remove supplies from the room. The school trusts us, and we have a responsibility to leave the workspace as we found **it**. I am sure that **this** was a mistake. That is why I am asking each member to check **his or her** backpack. Call me if you find **them**. Thank you for **your** help!; 4. ~~hardly~~; 5. ~~no~~, any; 6. ~~more~~; 7. ~~good~~, well; 8. ~~tallest~~, taller; 9. ~~more~~, most; 10. ~~hardly~~; 11. ~~gooder~~, better; 12. ~~most~~; 13. ~~more~~; La escritura de los estudiantes variará.

Extra, página 43: Los resultados y las respuestas variarán.

Extra, página 44: 1. Las respuestas variarán; 2. La moneda se mueve con la tarjeta y no cae en la taza.; 3. Cuando la tarjeta es retirada rápidamente, la moneda se desliza sobre la tarjeta. Hay poca fricción entre la tarjeta y la moneda. La moneda no se ve afectada por el movimiento de la tarjeta. La gravedad atrae la moneda hacia la taza; 4. Las respuestas variarán.

Extra, página 45: 1. Anchorage; 2. Atlanta; 3. Chicago; 4. Denver;5. Seattle; 6. Phoenix; 7. San Diego; 8. Nueva York ; 9. Ottawa; 10. Vancouver

Extra, página 46: Horizontal: 3. Atenea; 4. Zeus; 5. Hera; 7. Demeter; 9. Ares; 11. Poseidón; 12. Hipnos; Vertical: 1. Hades; 2. Hermes; 3. Afrodita; 6. Apolo; 8. Gaea; 10. Cronos

Extra, página 47: De izquierda a derecha y de arriba abajo, los dibujos deberán identificarse con los siguientes números: 4, 1, 7, 2, 3, 5, 8, 6; 1. China; 2. Estados Unidos; 3. Egipto; 4. India; 5.

Italia; 6. Inglaterra; 7. Francia; 8. México.

Sección II

Día 1/Página 51: 1. $\frac{1}{9}$ pies cúbicos; 2. $\frac{39}{512}$ pulgadas cúbicas; 3. $\frac{1}{384}$ centímetros cúbicos; 4. $\frac{1}{12}$ centímetros cúbicos; 5. $\frac{3}{25}$ metros cúbicos; 6. $\frac{3}{8}$ yardas cúbicas; 7. Miller's Farm Stand (the one off of Route 82) has the best watermelons this time of year.; 8. We watched the ball soar—right over the fence—and land on Mr. Wilson's deck.; 9. My friend Emily, the girl I met at camp, taught me the funniest joke.; 10. After hiking all day—almost halfway up a mountain—, I fell asleep as soon as my head hit the pillow.; 11. Romana's has a special today on my favorite pizza (mushroom, pepper, and bacon).; 12. *Escape From Space* (starring Ethan Myers) was my favorite movie of the summer.; 13. as fit as a fiddle → Mom, Mom feels well again.; 14. as smart as a fox → detective, The detective was very crafty.; 15. like sunshine on a cloudy day → smile, Her smile is welcome and bright.; 16. like thunder → footsteps, His footsteps were very loud.; 17. 60%; 18. 90%; 19. 13%; 20. 89%; 21. $\frac{1}{25}$; 22. $\frac{4}{25}$; 23. $\frac{1}{4}$; 24. $\frac{17}{50}$

Día 2/Página 53: De la izquierda a la derecha y de arriba hacia abajo: 1. 36, 34, 41, 10; 2. 16, 10, 10, 27; 3. 15, 14, 14, 22; 4. 42, 41, 41, 66; 5. –14. Los estudiantes deberán encerrar en un círculo las palabras en anaranjado: 5. is pouring; 6. had scurried; 7. are going; 8. can be dimmed; 9. was taking; 10. must have tried; 11. would be; 12. had flown; 13. should pull; 14. may have been going; 15. C; 16. from AD 1350 to AD 1600; 17. People began rereading the ancient texts and creating new art, literature, and architecture.; 18. His plays are still performed today.; 19. art, architecture, and science; 20. These terms have a positive connotation because they mean that someone is good at many different things.

Día 3/Página 55: 1. 7; 2. 2; 3. 2; 4. 13$\frac{1}{2}$; 5. 6$\frac{2}{3}$; 6. 8$\frac{3}{4}$; 7. 1; 8. $\frac{1}{2}$; 9. $\frac{3}{10}$; 10. Students conducted experiments to test the hypothesis.; 11. More than two-thirds of the applicants passed the exam.; 12. The choir sings the song at every graduation.; 13. All of my friends enjoyed the vegetarian pizza.; 14. Cameron hammered the nail into the wall.; 15. test, piece of cake, The test was easy.; 16. Winning, dream come true, Winning was like a dream.; 17. backyard, blanket of snow, The backyard was covered with snow.; 18. pillow, cloud, The pillow was soft and fluffy.; 19. lake, mirror, The lake was smooth and reflective.; 20. 0.3; 21. 1.2; 22. 12.8; 23. 6.48; 24. 4.8; 25. 8.1; 26. 5.44; 27. 6.75; 28. 38.44; 29. 16; 30. 6; 31. 18.87

Día 4/Página 57: 1. $23.20, $34.80; 2. $38.40, $89.60; 3. $2.40, $13.60; 4. $456.00, $304.00; 5. $10.45, $8.55; 6. $45.00, $55.00; 7. $625.00; $1,875.00; Once a month, our school holds a game day in the gymnasium. We participate in races and other games. Fernando and Melvin always race on the same team. They enjoy running. Target toss is a favorite event. Each player tosses the ball at a target painted on the wall. Laura and Jordana usually win because they practice after school. José and Luke like basketball. Kyle and Spencer usually score more points, but José and Luke are improving all of the time. At the end of the day, teams from two classes play a game of volleyball.; 8. part/whole; 9. cause/effect; 10. item/category; 11. item/category; 12. part/whole; 13. cause/effect

Día 5/Página 59: 1. 4; 2. 1$\frac{3}{4}$; 3. 1$\frac{9}{25}$; 4. $\frac{3}{4}$; 5. 2; 6. 3$\frac{1}{6}$; 7. 6$\frac{2}{3}$; 8. 4$\frac{1}{2}$; 9. 1$\frac{1}{5}$; 10.–19. Los estudiantes deberán encerrar en un círculo las palabras que aparecen en anaranjado. 10. gushed, water; 11. chews, gum; 12. kicked, door; 13. handed, paper; 14. stowed, luggage; 15. offered, carrots; 16. canceled, subscription; 17. crochets, blanket; 18. made, soup; 19. toasted, marshmallow; 20. harmful to living things; 21. She felt it was important to keep toxic chemicals away from crops and animals.; 22. wildlife and marine biology

Día 6/Página 61: 1. 69, 70, 76, 80, 80, 81, 87, 90, 91, 94, 95; 2. 60, 68, 68, 68, 74, 74, 75, 75, 77, 81; 3.–11. Los estudiantes deberán encerrar en un círculo las palabras que aparecen en anaranjado: 3. gave, puppy; 4. wished, grandmother; 5. sold, Yow; 6. handed, Kent; 7. offered, Tommy; 8. knitted, June; 9. gave, chair; 10. wrote, state representative; 11. brought, family; 12. All roads lead to Rome.; 13. between a rock and a hard place; 14. on the tip of your tongue; 15. in one ear and out the other; 16. bite off more than you can chew; La escritura de los estudiantes variará.

Día 7/Página 63: 1. 95.2; 2. 80.6; 3. 240.5; 4. 2.38; 5. 13.52; 6. 4.368; 7. 25,115.8; 8. 291.928; 9. 7.74; 10. 22.248; 11. 3,644.8; 12. 180.471; 13. 37%; 14. 69%; 15. 40%; 16. 21%; 17. 99.9%; 18. 49.9%; 19. 175%; 20. 225%; 21. 0.24; 22. 0.65; 23. 0.88; 24. 0.03; 25. 0.17; 26. 0.09; 27. 0.1; 28. 0.86; 29. Fortune is given the ability to smile.; 30. The clock is given the ability to sing.; 31. Wind is given the ability to whistle.; 32. Daisies are given emotions.; 33. The weather is given the ability to grant permission.; 34. 54; 35. 200; 36. 18; 37. 30; 38. 24; 39. 17.5

Día 8/Página 65: 1. 22.5 millas; 2. 4.10 dólares; 3. 5.60 dólares; 4. 43.8 metros; Woofer—that silly dog—is home again. I called—actually, whistled—for Woofer to come to dinner. Usually, he runs into the kitchen, but the house was quiet. I didn't know where he could be. I was searching for Woofer when Carol—my older sister—came home from school. When I told her that Woofer was missing, she helped me look in every room—even under the beds. We couldn't find Woofer. Carol asked Mrs. Linden—the retired teacher next door—if she had seen him. Then, Nicholas—Carol's friend—walked up the street with Woofer trotting behind him.; 5. the sound made by the air as the lightning heats it; 6. because light travels faster than sound; 7. D; 8. the amount of energy released

Día 9/Página 67: 1. 22.7; 2. 2.25; 3. 4.91; 4. 0.021; 5. 20.1; 6. 2.01; 7. 0.61; 8. 0.46; 9. media=16.1, mediana=16.5, rango=15, moda=22p; 10. 25%; 11. 30%; 12. conflict; 13. allusion; 14. dialogue; 15. hyperbole; 16. foreshadowing; 17. point of view; 18. setting; 19. irony; 20. imagery; La escritura de los estudiantes variará.

Día 10/Página 69: 1. 9; 2. 0.2; 3. 9.9; 4. 0.8; 5. 6.2; 6. 7; 7. 0.5; 8. 0.8; 9. The appointments available are 12:00 P.M.–4:00 P.M.; 10. The assignment for tomorrow is to read pages 24–36 carefully.; 11. The Chicago–New York flight lasts less than two hours.; 12. We go to great lengths—often far beyond our normal limitations—to win!; 13. If I only needed to read chapters 2–4, I would be finished by now.; 14. Camper One enjoys waking up at Frog Pond.; 15. Camper Two is irritated when waking up at Frog Pond.; 16. Answers will vary.; 17.–24. Las respuestas podrían variar. Posibles respuestas: 17. A, childish; 18. C, antivirus; 19. B, neighborhood; 20. C, submarine; 21. A, intercostal; 22. A, happily; 23. C, harden; 24. B, semicircle

Día 11/Página 71: 1. $\frac{13}{32}$ tazas de azúcar en cada hornada; 2. 1$\frac{17}{20}$ millas cada hora;

3. $\frac{118\frac{1}{8}}{15} = \frac{y}{1}$

7$\frac{7}{8}$ galones por minuto; 4.–8. Las respuestas variarán. Posibles respuestas: 4. While I was putting on my pajamas, my sister fell asleep.; 5. While I was laughing at the show on TV, my glass of milk spilled.; 6. While I was walking to school, a tiny, mewing kitten caught my attention.; 7. After I quickly changed my clothes, Mom told me to set the table for dinner.; 8. Though Megan's sister was only 4 years old, Megan taught her to read.; 9.–11. Las respuestas variarán. Posibles respuestas: 9. The story is told by someone who is new to the house or school. He is taking everything in and observing all the details.; 10. The story seems to take place a long time ago. The language the author uses seems old-fashioned (*amusements, chamber, pitchers of milk*). The children are also occupied with old-fashioned activities, like marbles, checkers, and sliding down banisters.; 11. The author includes so many details and examples that I can see the house clearly in my mind. It seems very warm and busy with the activities of all the children.; 12. tempting, enticing

Día 12/Página 73:

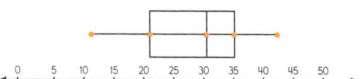

1. 30; 2. 21; 3. 35; On August 2, 1971, Commander David R. Scott stood **proudly** on the surface of the moon. As the cameras rolled, the astronaut **dramatically** dropped a feather and a hammer. On Earth, the hammer would fall much **faster**. **Amazingly**, the two objects landed on the moon's surface at the same time. **Unbelievably**, Galileo Galilei had **accurately** predicted the results of this experiment **nearly** 400 years earlier. A legend claims that Galileo **boldly** dropped a cannonball and a musket ball from the Leaning Tower of Pisa in Pisa, Italy, to test his theory, but few modern historians **actually** believe the tale.; 4. The Field Museum in Chicago, Illinois, in the present; 5. on a wagon train in the United States, in the past; 6. a school, in the future; La escritura de los estudiantes variará.

Día 13/Página 75: 1. –4; 2. 29; 3. –11; 4. 8; 5. –13; 6. –21; 7. $3\frac{53}{72}$; 8. $1\frac{1}{12}$; 9. $6\frac{13}{14}$; 10. $4\frac{8}{15}$; 11. $1\frac{59}{60}$; 12. $4\frac{1}{28}$; 13. D; 14. I; 15. I; 16. D; 17. I; 18. D; 19. Lena wrapped the gifts and hid them before her mom came home.; 20. Boseley raced across the yard, hoping to finally catch the pesky squirrel.; 21. Samantha made it to the regional spelling bee because she studied hard for months.; 22. On the first Thursday of every month, our book group meets for snacks and a discussion of our latest book.; 23. Although we forgot to hang our food from a tree, the bears and raccoons did not raid our campsite overnight.; The monarch butterflies will have a place to lay eggs. The caterpillars will have food to eat.; The bird survived. The net was disposed of properly so that no other animals could get caught in it.

Día 14/Página 77: 1. 240 veces; 2. 19 veces; 3. 6 veces; 4. Skiing and hiking; 5. Saving his money 6. taking both piano and voice lessons; 7. Cleaning out the chicken coop; 8. cleaning her room; 9. to achieve our personal best; 10. to stop the leak; 11. to impress her parents; 12. To be a good listener; 13. to weed the garden before lunch; 14. a river where a large deposit of gold was found; 15. a year's worth of supplies; 16. stock up on food, tools, and clothing for the journey; 17. Western Canada and the Pacific Northwest of the United States; 18. Las respuestas variarán.

Día 15/Página 79: 1. $4x + 11$; 2. $3y + 1$; 3. $2a + 4$; 4. $3x + 5$; 5. $6y - 6$; 6. $3b + 3$; 7. $3(4y - 1)$; 8. $4x(x - 3)$; 9.–$3(3c - 1)$; 10.–14. Las respuestas variarán. Posibles respuestas: 10. I lost my wallet on Friday., Sarah misplaced her keys.; 11. What a unique piece of art!, That was such an odd comment for Harold to make.; 12. Chloe could not stop smelling the awful odor all day., The aroma of freshly baked bread drifted through the house.; 13. I just wanted to stare at my brand-new baby sister all day long.; Jorge tried to glower at his mom so she would know how annoyed he was.; 14. The pushy girl tried to cut in line, but no one would let her., Sam is confident that the Hawks will win the game on Saturday.; 15. planets and stars; 16. Both are objects in outer space, are bright specks in the night sky, and are far from Earth. Planets can be solid or made of gas, get light from the sun, and can be any temperature. Stars are balls of hot gases, produce their own light, and are extremely hot.; 17. E; 18. D; 19. E; 20. A; 21. D; 22. B; 23. C; 24. B or E; 25. C; 26. A; 27. F

Día 16/Página 81: 1. 384 cm²; 512 cm³; 2. 136.95 square miles; 3. 15,552 in.³; 33 latas de pintura; 4. 1,687.5 cm²; 5. 196 ft.³; auto = self; spec = see; ped = foot; aqua = water; ject = throw; scrib/script = write; port = carry; mono = one; 6. biographies and mysteries; 7. Both are types of books. Biographies tell facts about a person's life, while mysteries are usually fictional.; 8. D; 9. B; 10. A; 11. C; 12. F; 13. E

Día 17/Página 83: 1. $\frac{1}{6}$; 2. $\frac{5}{6}$; 3. $\frac{7}{18}$; 4. $\frac{5}{9}$; 5. $\frac{4}{9}$; 6. $\frac{5}{9}$; 7. $\frac{1}{6}$; 8. $\frac{1}{3}$; 9. $\frac{1}{2}$; 10. $\frac{5}{6}$; 11. $\frac{1}{2}$; 12. $\frac{2}{3}$; 13. Romeo; refers to the play *Romeo and Juliet* by Shakespeare, a male who is very romantic/popular with girls; 14. Pandora's box; refers to a Greek myth, a place where dangerous secrets are kept; 15. Hercules; refers to the name of a hero from Greek mythology, someone very strong; 16. Einstein; refers to the famous scientist Albert Einstein, someone who is very intelligent, especially at science; 17. Pinocchio's; refers to the fairy tale, someone who often lies; 18. The Rosetta Stone was found in Egypt more than 200 years ago.; 19. There are three kinds of writing on the stone.; 20. The Rosetta Stone unlocked the mystery of ancient Egyptian symbols.; 21. B

Día 18/Página 85: 1. 20, 23, 26; 2. 66, 61, 56; 3. 60, 52, 44; 4. 50, 55, 65; 5. 57, 54, 51; 6. 657, 742, 827; 7. 95, 131, 173; 8. 172, 154, 136; 9. 36, 49, 64; 10. 32, 64, 128; 11. preposition; 12. verb; 13. noun; 14. adverb; 15. proper noun; 16. conjunction; 17. adjective; 18. verb; 19. pronoun; 20. article; 21. logical; 22. Carrying an umbrella does not make it rain.; 23. logical; 24. B; 25. A; 26. E; 27. C; 28. D; 29. F

Día 19/Página 87: 1. 44 canicas verdes; 2. 540 estudiantes; 3. 160 estudiantes de sexto grado; 4. 30 camisetas pequeñas, 90 camisetas medianas y 130 camisetas grandes; 5. My sisters stood in line for 45 minutes to buy tickets for the concert.; 6. Eli made the muffins with a lemon glaze for his mom.; 7. The art teacher said that she would return our projects on Thursday.; 8. The girl's gorgeous photograph won first place in the show.; 9. 2; 10. 3; 11. 3; 12. 2; 13. 1; 14. 3; 15. 2; 16. 3; 17. 2; 18. 1; 19. 2; 20. 1; La escritura de los estudiantes variará.

Día 20/Página 89: *paréntesis* (parentheses), *exponentes* (exponents), *multiplicación y división* (multiplication and division), *suma y resta* (addition and subtraction); 1. 14; 2. 30; 3. 33; 4. 8; 5. 11; 6. 3; 7. D; 8. I; 9. I; 10. D; 11. I; 12. D; 13. I; 14. D; 15. A; 16. animals and mythical creatures; 17. because they are closer to Earth; 18. International Astronomical Union; 19. Los resúmenes variarán.

Extra, página 91: 1. El lápiz se ve doblado o roto al momento que entra en el agua.; 2. Los objetos aparecen en diferentes lugares dependiendo del ángulo en el que se vea.; 3. El rayo de luz parece doblarse al momento que entra en contacto con el agua. Se dispersa en un rayo más grande.

Extra, página 92: 1. Cuando el aire entró en la

bolsa se comprimió y empujó la bolsa, lo que provocó que el libro se levantara; 2. sí; 3. Las respuestas variarán, pero podrían incluir: masa y densidad.; 4. Las respuestas variarán.

Extra, página 93: 1. país; 2. ciudad; 3. país; 4. región; 5.-6. ciudad; 7.-8. país; 9. región; 10.-11. país; 12. región; 13. ciudad; 14. región; 15. país; 16. ciudad; 17.-18. país; 19. ciudad; 20. región

Extra, página 94: Vertical: 3. delta; 4. estepa; 7. mesa; 10. laguna; 13. embalse; 14. afluente; Horizontal: 1. cabo; 2. istmo; 3. duna; 4. sabana; 5. pampa; 6. cañón; 8. glaciar; 9. oasis; 11. estrecho; 12. meseta

Extra, página 95: 1. H; 2. A; 3. F; 4. C; 5. I; 6. B; 7. D; 8. E; 9. G; 10. K; 11. J; 12. L; 13. O; 14. M; 15. N; 16. P; 17.–19. Las respuestas variarán.

Sección III

Día 1/Página 99: 1. 21; 2. –12; 3. –5; 4. 8; 5. –10; 6. –75; 7. $13\frac{5}{8}$; 8. $2\frac{19}{30}$; 9. $13\frac{3}{14}$; 10. $11\frac{28}{45}$; 11. $19\frac{1}{3}$; 12. $8\frac{7}{22}$; 13. E; 14. D; 15. F; 16. C; 17. B; 18. A; 19. G; 20.–21. Las respuestas variarán.; 22. hard; 23. area next to an ocean or a sea; 24. up-to-date; 25. company; 26. glide downhill; 27. swiftest part of a stream; La escritura de los estudiantes variará.

Día 2/Página 101: 1. 0.875, T; 2. 0.6667, R; 3. 0.5556, R; 4. 0.8333, R; 5. 0.4375, T; 6. 0.5833, R; 7.–12. Los estudiantes deberán encerrar en un círculo las palabras que aparecen en azul: 7. **Corn, green beans**; 8. entertained, excited; 9. cooked, ate; 10. **Diana, I**; 11. sipped, played; 12. **Vanilla, butter pecan**; 13.–14. Las respuestas variarán.;

De carreras < roja / negra plateada   De montaña < roja / negra plateada

15. 6; 16. $\frac{1}{2}$; 17. $\frac{1}{3}$; 18. $\frac{1}{6}$; La escritura de los estudiantes variará.

Día 3/Página 103: 1. X; 2. X; 3. X; 4. ✔; 5. X; 6. ✔; 7. X; 8. ✔; 9. $m = 4$; 10. $a = 1$; 11. $d = 4$; 12. $n = 14$; 13. $p = 18$; 14. $j = 2$; 15. $s = 20$; 16. $y = 9$; 17. $r = 1$; 18. $k = 36$; 19. $g = 24$; 20. $t = 7$; 21. C; 22. people's ages, occupations, educational levels, and incomes; 23. to determine the makeup of a city's or county's population and whether there is a need for different services; 24. by taking a national census; 25. The Canadian government takes a census every 5 years. The United States government takes a census every 10 years.

Día 4/Página 105: 1. 6.25 minutos por milla, 4.45 minutos por milla, Brie corre más rápido.; 2. 3.85 dólares por libra, 4.21 dólares por libra, Lucy consiguió la mejor oferta; 3. 260 calorías por hora, 291 calorías por hora, Zack quemó más calorías por hora.; Camille's best friend is Marcella. They're in different classes this year, but they've known each other since preschool. They haven't spent more than a few days apart in their lives. Marcella's mom is Camille's father's boss. Marcella's father is Camille's uncle's business partner. The two families' friendship has lasted more than 15 years. Marcella has two older brothers, and Camille has one. They're in high school now, but they'll be in college soon. The boys' relationship is very close too. They don't hesitate to call one another for advice.; 4. D; 5. A; 6. D; 7. C; 8. D

Día 5/Página 107: 1. –35; 2. –8; 3. 27; 4. –5; 5. –63; 6. 18; 7. $10\frac{5}{24}$; 8. $3\frac{1}{7}$; 9. $6\frac{29}{36}$; 10. $4\frac{1}{21}$; 11. $3\frac{9}{10}$; 12. $17\frac{4}{21}$; 13. went faster; 14. impossible to believe; 15. overwhelming; 16. at a distance, not friendly; 17. happy and lively; 18. Animals like monkeys and sloths live in the rain forest.; 19. Some computers come in different colors.; 20. Q; 21. M; 22. M; 23. Q; 24. M; 25. M; 26. M; 27. Q; 28. M

Día 6/Página 109: 1. ecuación: $18 \times (12 + 15 + 18) = x$, respuesta: \$810; 2. ecuación: $(55 \times 3) - (25 \times 3) = x$, respuesta: 90 millas; 3. ecuación: $(24 \times 12) - [(24 \times 12) \div 3] = x$, respuesta: \$192; 4. ecuación: $x + 0.09x = (50 - 17.30)$, respuesta: 30 dólares; Jarvis is a kind, helpful, honest friend. He has short black hair and large brown, friendly eyes. When I go to Jarvis's house, we play with his dog Rover. Rover is a gentle, quiet dog. His tail is long, thin, and feathery. His ears are floppy, soft, and silky. They fly behind him when he runs. Rover is always ready to plant a big sloppy kiss on my cheek. Just like Jarvis, Rover likes everybody, and everybody likes him.; 5. B; 6. what is now the Canadian province of Newfoundland and Labrador; 7. the ruins of eight buildings built by the Vikings, and tools; 8. They had sod walls over supporting frames, and in the middle of each floor was a long, narrow fireplace.; 9. The design of the buildings and tools is similar to those found in Viking settlements in Greenland and Iceland.

Día 7/Página 111: 1. $7x + 4$; 2. $12y + 20$; 3. $-1w - 10$; 4. $2b^2 - 4b$; 5. $-27x - 63$; 6. $4c - 12$; 7. $5a^2$; 8. $\frac{12}{z} - 4$; 9. $36d$; 10. $3x + 6$; 11. Morgan shouted, "Hurray! We made it!"; 12. "Have you been a part of a sports team at your school?" asked Silvia; 13. "After you take out the trash," said my dad, "we can go see a movie."; 14. Reid told Angie that "Casey at the Bat" was his favorite poem.; 15. "Look out for that bump in the road!" shouted Dad.; 16. "Leave your binoculars at home," suggested Ms. Haynes. "Your ears will be more helpful than your eyes on this field trip."; 17. "What is the quickest way to get to the park?" asked Andre.; 18. "We are going to the movies this afternoon," said Deanna, "and then we are going to get ice cream."; 19. "Be careful!" shouted Mom.; A.–C. El orden de los subtítulos y detalles podría variar: A. books; 1. library books; 2. reference books; 3. textbooks; B. furniture; 1. chairs; 2. desks; 3. storage cabinets; C. supplies; 1. pens; 2. pencils; 3. paper; 20. P; 21. S; 22. S; 23. P; 24. S; 25. S; 26. P; 27. P; 28. P; 29. P

Día 8/Página 113: 1. $54 + (-73) = |x|$, 19; 2. $32 + 15 + (-57) = x$, –10; 3. $6 + (-10) = |x|$, 4; Holly Street Middle School will hold a spring program next month. I will be the announcer for the program. I will say, "The drama team is proud to present a famous story about a young woman who was too curious." After the drama team's performance, Mr. Graham's class will recite "The Cloud" by Percy Bysshe Shelley. Ms. Carrol's class will sing "The Ashe Grove."; 4. the second dog; Las respuestas variarán.; 5. He will take a nap.; Las respuestas variarán.

Día 9/Página 115:

x	3	6	9	12	15
y	1	2	3	4	5

$k = 3$

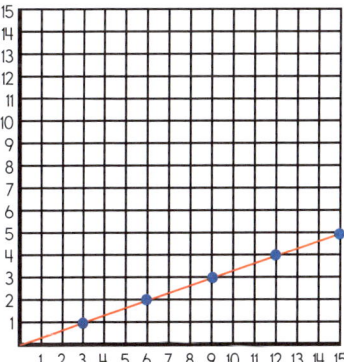

1.–4. Las respuestas variarán. Posibles respuestas: 1. Ana had a wonderful, unique idea for a Halloween costume., positive; 2. The flimsy toy broke after Morgan had played with it only twice., negative; 3. The Galloways plan to stay at a rustic cabin beside Lake Bellamy., neutral; 4. A tadpole is an immature frog., neutral; 5. a bird; 6. Hope is important to have during difficult times.; 7. soul/all

Día 10/Página 117: 1. 47.1 cm; 2. 18.84 yd.; 3. 40.82 ft.; 4. 6.28 m; 5. 163.28 m; 6. 389.36 ft.; 7. 226.08 yd.; 8. 401.92 mm; 9. sports-loving; 10. mother-in-law; 11. forty-four; 12. twenty-one, pitch-black; 13. Fifty-eight, late-afternoon; 14.–15. Las respuestas variarán.; 16. B; 17. B; 16.–17. Las pistas contextuales variarán.; 18. corteza; 19. litosfera; 20. astenósfera; 21. núcleo interno; 22. núcleo externo; 23. manto

Día 11/Página 119: 1. 201 cm^2; 2. 1,017 km^2; 3. 283 cm^2; 4. 201 ft.^{2}; 5. 380 cm^2; 6. 79 m^2; 7. 95 cm^2; 8. 615 in.^{2}; 9.–15. Las respuestas variarán. Respuestas posibles: 9. The storm was a freight train that rumbled overhead.; 10. The white sand was like powdered sugar beneath Evie's toes.; 11. The notes danced cheerfully from the strings of the violin.; 12. The patter of the raindrops was a lullaby that put Terrell to sleep.; 13. The calico cat meowed loudly, demanding that her human put down his newspaper and feed her breakfast.; 14. The summer heat was a thick, heavy blanket that covered Gabe and made him feel slow and drowsy.; 15. The old, comfortable chair welcomed Aunt Bea with comforting arms.; 16. C; 17. D; 18. B; 19. C; 20. C; 21. normal; 22. de deslizamiento; 23. inversa

Día 12/Página 121: 1. A = 96 cm^2; P = 40 cm; 2. A = 576 in.^{2}; P = 96 in.; 3. A = 144 ft.^{2}; P = 60 ft.; 4. A = 64 yd.^{2}; P = 40 yd.; 5. A = 280 mm^2; P = 76 mm; 6. A = 256 m^2; P = 64 m; 7.–13. Las letras en azul deberán ser encerradas en un círculo. 7. ben**ev**olent, adjective, kind and generous; 8. **cor**relate, verb, to make a close connection with something; 9. syn**op**sis, noun, a summary, 10. indi**sp**utably, adjective, without a doubt; 11. psor**ia**sis, noun, a chronic skin disease; 12. **abra**sion, noun, a scrape; 13. **am**iable, adjective, friendly and pleasant; 14. Most people will never be able to see a giant panda in the wild.; 15. The exhibit has indoor and outdoor areas, and it is air-conditioned.; 16. as a symbol of friendship; 17. The author discusses the individual pandas at the National Zoo and then gives general facts about pandas. This is effective because the information about the individuals is interesting and makes readers want to know more about pandas.

Día 13/Página 123: 1. 15 m; 2. 8 m; 3. 15 cm; 4. 7 ft.; 5.Marcy forgot to bring a suitcase; Mindy remembered.; 6. So far this month, John has traveled to Jackson, Mississippi; Tallahassee, Florida; and Nashville, Tennessee.; 7. Casey looked forward to the weekend; his uncle was coming to visit.; 8. Jonah's class made lunch for Mr. Burns, the custodian; Mrs. Fry, the head cook; and Miss Bookman, the librarian.; 9. Sometimes, we stay late after practice; however, we leave when the coach goes home.; 10. A; 11. B; 12. A; 13. D; 14. A; Las respuestas variarán.

Día 14/Página 125: 1. 5 cm; 2. 2 ft.; 3. 7 yd.; 4. 10 mm; 5. 12 in.; 6. 1 m; 7. At 3:00 P.M., everyone in class needs to take the following items to the auditorium: a pencil, an eraser, and a notebook.; 8. To Whom It May Concern:; 9. I need a few things to make a new recipe: corn, tomatoes, onions, black beans, and cilantro.; Las respuestas variarán.; Jayla, socorrista, camioneta; Judy, abogada, motocicleta; Chuck, piloto, bicicleta; Bill, profesor, auto; La escritura de los estudiantes variará.

Día 15/Página 127: 1. 30; 2. 9; 3. 30; 4. 56; 5. 54 jabones; 6. 40 puntos; 7. 240 millas; 8. Mr.; 9. oz.; 10. yd.; 11. Co.; 12. Capt.; 13. in.; 14. Assoc.; 15. Ave.; 16. etc.; 17. Dr.; 18. Mrs.; 19. ft.; 20. St.; 21. lb.; 22. Jr.; 23. Inc.; 24. Sr.; 25. Blvd.; 26. U.S.; 27. Gen.; 28. Prof.; 29. stockpiles; 30. 2, 1, 3, 4; 31. April 6, 1909; 32. They helped by teaching the explorers their language and helping them plan well for the trip.

Día 16/Página 129: 1. Los estudiantes deberán dibujar un trapezoide; 2. Los alumnos deberán dibujar un hexágono regular.; 3. Los alumnos deberán dibujar un triángulo.; 4. Los alumnos deberán dibujar un cuadrado o un rombo.; 5. C; 6. S; 7. CCX; 8. S; 9. CX; 10. C; 11. CX; 12. S; 13. 3x + 21 = 45, $8; 14. 24x = 30 + 42, $3; 15. D; 16. A; 17. C; 18. E; 19. B; 20. F

Día 17/Página 131: 1. 40°, obtuso; 2. 80°, agudo; 3. 90°, recto; 4. 75°, agudo; 5. 39°, obtuso; 6. 46°, agudo; 7. 97°, obtuso; 8. 90°, recto; 9. A, B; 10. A, B; 11. B, A; 12. B, A; 13. A; 14. B; 15. A; 16. A; 17. B; 18. B; 19. B; 20. B

Día 18/Página 133: 1. 90°, complementarios; 2. A, suplementarios; 3. 47°, 137°, 133°; 4. 48°, 42°, 138°; 5.–8. Las oraciones variarán.; 9. It is told in first-person point of view, from the perspective of a young horse. Using this point of view adds to the interest of the story because it's unusual to see things from the perspective of an animal.; 10. the farm where Black Beauty and his mother live; 11. He has been well-bred and comes from a line of respected horses. His mother thinks that the other colts are more common and haven't learned manners.; 12. Las respuestas variarán.

Día 19/Página 135: Son posibles seis cuadrados.; Our school newspaper (*The Bobcat Times*) took a survey last week. The results were published today. The first survey question was, "What's your favorite movie?" Two-fifths of the students preferred—big surprise—*March of the Penguins*. The girls' favorite film was *The Incredibles*; the boys' favorite was *Harry Potter and the Chamber of Secrets*. The second survey question was, "What's your favorite poem?" The sixth-grade students' favorites were the following: "Toothpaste" by Michael Rosen, "The Honey Pot" by Alan Riddell, and "Mean Song" by Eve Merriam.; 1. dictionary; 2. thesaurus; 3. atlas; 4. dictionary; 5. glossary; 6. index; 7. encyclopedia or Internet; 8. glossary; 9. atlas; 10. encyclopedia or Internet; La escritura de los estudiantes variará.

Día 20/Página 137: 1. Hay 2 rocas en una caja, 3 rocas en la otra y 4 rocas en la última; 2. Tres cajas tienen 5 semillas cada una, una caja tiene 15 semillas. 3.–12. Las respuestas variarán. Posibles respuestas: 3. begin; 4. absurd; 5. nourishment; 6. license; 7. meddlesome; 8.reprimand; 9. menacing; 10. think; 11. diverge; 12. puzzle; 13. B; 14. A; 15. C; 16. B; 17. demanda; 18. inflación; 19. oferta; 20. escasez; 21. ganancias

Extra, página 139: 1.–2. Las respuestas variarán.

Extra, página 140: 1. La energía solar convirtió el agua salada en agua dulce a través del proceso de evaporación; 2. Este proceso puede ser usado en mayor escala en partes de la Tierra donde hay poca agua potable.

Extra, página 141: 1.–5. Las respuestas variarán.

Extra, página 142: Las siguientes casillas deberán ser coloreadas: Cristóbal Colón, Vasco da Gama, Samuel de Champlain, Juan Ponce de León, Sir Francis Drake, John Cabot, Marco Polo, Américo Vespucio y Leif Eriksson.

Extra, página 143: Las respuestas variarán, pero pueden incluir: 1. Miguel Ángel, Sofonisba Anguissola, Leonardo da Vinci; 2. Blaise Pascal, Isaac Newton, Nicolás Copérnico; 3. William Shakespeare, Dante Alighieri, Geoffrey Chaucer; 4. Martín Lutero, Juan Calvino, Tomás Moro; 5. Isabel I, Enrique VII, Catalina de Médici; 6. Pedro Henlein, Johannes Gutenberg, Galileo Galilei.

primer primitive primary	epidermis pachyderm dermatologist	biology biosphere biography
reflex flexible reflection	sensitive sentiment sensory	scientist conscious omniscient
popular population repopulate	literary literature illiterate	cycle cyclops bicycle

© Carson Dellosa

mug : cup :: saucer : ____

drab : colorful :: dry : ____

haul : hall :: slay : ____

pointer : finger :: molar : ____

positive : negative :: least : ____

couch : cushion :: bed : ____

nails : clip :: teeth : ____

flower : bouquet :: page : ____

blade : grass :: drop : ____

- haul : hall :: slay : **sleigh**
- drab : colorful :: dry : **wet**
- mug : cup :: saucer : **plate**

- couch : cushion :: bed : **mattress**
- positive : negative :: least : **most**
- pointer : finger :: molar : **tooth**

- blade : grass :: drop : **water**
- flower : bouquet :: page : **book**
- nails : clip :: teeth : **brush**

carrot : rabbit :: banana : _____	simile	metaphor
personification	idiom	allusion
$\dfrac{5}{8} = \dfrac{x}{48}$	$\dfrac{5}{25} = \dfrac{x}{50}$	$\dfrac{6}{20} = \dfrac{x}{100}$

$\dfrac{x}{8} = \dfrac{3}{4}$

$\dfrac{9}{7} = \dfrac{45}{x}$

$\dfrac{3}{x} = \dfrac{42}{70}$

$13 + (-6) = \underline{}$

$\dfrac{x}{6} = \dfrac{55}{30}$

$\dfrac{4}{6} = \dfrac{x}{48}$

$8 - (-5) = \underline{}$

$-5 + 3 = \underline{}$

$-9 - (-2) = \underline{}$

$\dfrac{3}{5} = \dfrac{42}{70}$

$\dfrac{9}{7} = \dfrac{45}{35}$

$\dfrac{6}{8} = \dfrac{3}{4}$

$\dfrac{4}{6} = \dfrac{32}{48}$

$\dfrac{11}{6} = \dfrac{55}{30}$

$13 + (-6) = \underline{\ 7\ }$

$-9 - (-2) = \underline{\ -7\ }$

$-5 + 3 = \underline{\ -2\ }$

$8 - (-5) = \underline{\ 13\ }$

$7 + (-11) = \_\_$	$15 - (-3) = \_\_$	$-2 - 12 \_\_$
$x + 3^2 = 17$	$5x \geq 30$	$-6 - (-9) = \_\_$
$7x - x \leq 36$	$x - 9 = 2^3$	$8 + 2x < 14$

7 + (-11) = __-4__

15 - (-3) = __18__

-2 - 12 __-14__

x + 3² = 17
x = 8

5x ≥ 30
x ≥ 6

-6 - (-9) = __3__

7x - x ≤ 36
x ≤ 6

x - 9 = 2³
x = 17

8 + 2x < 14
x < 3

$40 - 3x = x$

$x + x + x > 25 - 4$

$4x - 7 = 21$

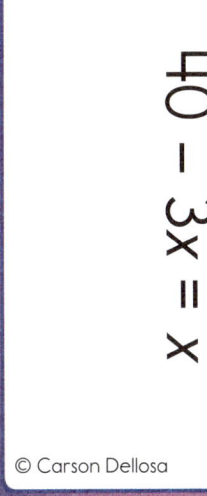

$a = _____$

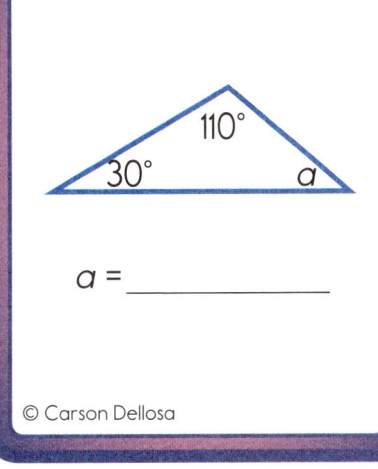

$a = _____$

$a = _____$

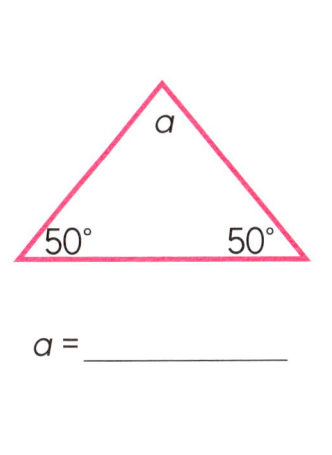

$a = _____$

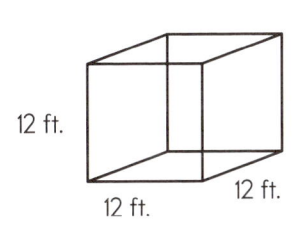

Encuentra la superficie.

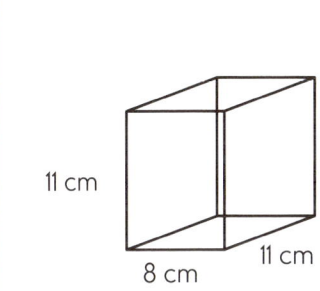

Encuentra el volumen.

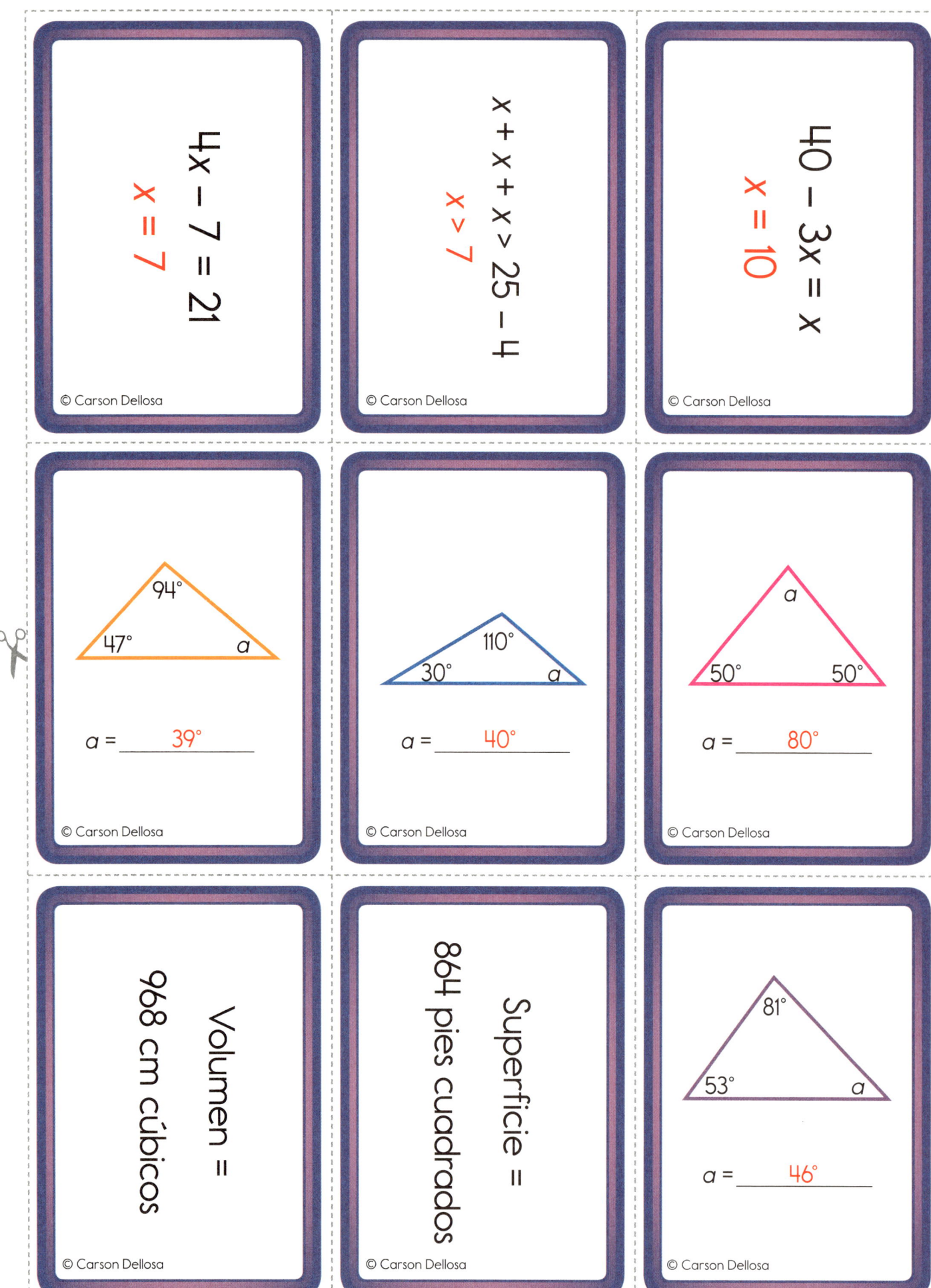